新坐商。

坐着卖货不再难

— 石章强 著

新坐商＝
客流量×进店数×成交率×客单额
×客毛率×满意度

客单额＝
客单产×客单价×客单效

满意度＝
客户回头率+客户推荐率
+客户重复购买率

北京理工大学出版社
BEIJING INSTITUTE OF TECHNOLOGY PRESS

图书在版编目（CIP）数据

新坐商：坐着卖货不再难/石章强著. —北京：北京理工大学出版社，2011.5（2011.6重印）

ISBN 978 - 7 - 5640 - 4356 - 8

Ⅰ.①新… Ⅱ.①石… Ⅲ.①企业管理 - 市场营销　Ⅳ.①F274

中国版本图书馆 CIP 数据核字（2011）第 043680 号

出版发行 / 北京理工大学出版社

社　　址 / 北京市海淀区中关村南大街 5 号

邮　　编 / 100081

电　　话 / （010）68914775（办公室）68944990（批销中心）68911084（读者服务部）

网　　址 / http：//www. bitpress. com. cn

经　　销 / 全国各地新华书店

排　　版 / 北京精彩世纪印刷科技有限公司

印　　刷 / 保定市中画美凯印刷有限公司

开　　本 / 710 毫米 ×1000 毫米　1/16

印　　张 / 14

字　　数 / 164 千字

版　　次 / 2011 年 5 月第 1 版　2011 年 6 月第 2 次印刷　　　　　　责任校对/周瑞红

定　　价 / 29.80 元　　　　　　　　　　　　　　　　　　　　　　　责任印制/边心超

自 序

坐商　行贾　新坐商

中国的营销史，就是中国的渠道演变史。

从改革开放初期的百货站，到摆地摊，再到百货商场、超市，以及随之产生的专卖店、专柜等终端新形态，发展到现在网络经济下的网店和电子商务……中国的渠道建设可谓是一部浓缩的营销演变史。

终端为王，已经不再是简单地开店、促销和推广了，它已成为了一套从战略到策略再到战术的整套倒推式的、决定企业生存和发展竞争力的根中之本。

如今，随着连锁大卖场的普及和客户掠夺，厂家自建渠道已成为一种趋势，并成为一种胜利的符号。

美特斯邦威的旗舰店、格力的专卖店、娃哈哈的日杂店、海澜之家的专营店、苹果的体验店、慕思的集成体验馆、阿迪达斯的折扣店、天福茗茶的机场店、如家的加盟店、盼盼的4S店、大自然地板的美学生活馆、来伊份的社区店、鳄鱼漆的小店，等等，无一不是这种趋势的产物。

然而，厂家自建终端和渠道就一定是OK的吗？

自建终端和门店的大投入，不是随便哪个企业都可以玩的。

而更现实的是，当大家都开始自建渠道和终端时，你又该如何在激烈的

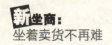
白炽化竞争中守住自己的饭碗,并抢到别人的饭碗?

坐以待毙? 还是行动起来?

坐商? 行商? 招商? 找商? 营商? ……

你要做哪个?

怎样才能坐着卖货不再难?

怎样才能坐着卖货不是梦?

怎样才能让更多的兔子撞到你的这个树桩上来且一撞就死?

守株待兔,也许在当今的渠道变革下,又有了新的意义。

关键在于株? 株在哪里? 有多粗? 有多少? 有多密?

你又该如何去抓而不是盲目地等待?

新守株待兔才是当下的终端和门店的生存之道。

确切地说,应该是守株抓兔,即如何在兔子经常出没的地方建立起属于你的最容易吸引兔子跑过来的又粗、又大、又硬、又密的株,让那些又肥又大的兔子有来无回,一撞就死,一抓就着。这就是新形势下的新坐商之道。

新坐商如何坐怀不乱?

坐的关键在于株和抓,株是大店,抓则是好店。

一个优秀的新坐商 = 客流量×进店数×成交率×客单额客毛率×满意度

客单额 = 客单产×客单价×客单效

满意度 = 客户回头率 + 客户推荐率 + 客户重复购买率

新坐商的核心就是打造你的高形象力、高议价力、高谈判力,让消费者觉得自己渺小、让消费者把你当成品牌。

新坐商的目标是要做一个高附加值的品牌营销商,而不是一个简单的贸易商或物流商。

新的商业竞争形势下,只有新坐商才有未来,而如何做一个坐着卖货不再难的新坐商,则是每一个守着一亩三分地的店老板、店员、店小二日思夜想的问题。

现在好了,本书可以让你了解到:你的门店和终端为什么不动销? 你的产品和服务如何才能畅销? 你的生意和业务如何高利销? 你的企业和品牌如何长销? ……

这才是本书的价值所在。

本书的完稿,得到了锦坤部分同事的帮助,任胜、马春、庞赫然、杨光辉、成明瑶等完成了基础资料的搜集和部分案例的撰写以及相关的校对工作;更得到了来自锦坤的客户的支持,他们是苏泊尔、友邦、方太、华帝、罗莱、美特斯邦威、百氏康、诺贝尔、大自然、如家、鳄鱼漆、双鹿、杉杉等,他们是锦坤新坐商的实践者和验证者,在他们成长成功的路上,新坐商成为他们终端单店营业力提升的核心思想和方法论。

新坐商的思想最开始起源于为诺贝尔瓷砖专卖店提供销量提升的咨询诊断和策略服务,发展于苏泊尔的每天每店多卖一口锅的整体咨询帮扶,并由此在营销界开创了"单店营业力"的名词和方法论。但真正实现体系化,则是在与罗莱和友邦的深度合作中,尤其是在与友邦长达五年的深度合作中产生的。

在此,要特别感谢友邦董事长时沈祥、总经理王吴良和营销副总经理吴伟江,没有他们的信任和支持,就没有新坐商从实践到理论再到实践的思想和体系。不管是为友邦提出的"集大成邦天下"的战略联盟体模式,还是"快开店 多开店 开大店 开好店"的营销战略及"百城千店决胜 08 工程",再到"好店攻坚聚变 09 工程"等的实施,无一不是聚合在新坐商的推进和实施中,并由此开创了友邦的新时代,使集成吊顶成为聚合了照明、建材、浴霸、换气、空调、音响、通风、扣板等数十个行业超千亿产值的产业帝国,友邦也由此开始成为行业的缔造者和领跑者。

之后，罗莱、双鹿、如家、华帝、方太、文峰、超人、奔腾等先后开始导入新坐商的理论和方法，这些理论和方法成为这些品牌征战市场的核武器，从原子核的裂变到聚变，新坐商的威力越来越大，单店营业力越来越强。

正所谓，新坐商，坐着卖货不再难。

这不是口号，这是方法，更是思想；也是理论，更是实践。

如果对本书以及新坐商的理论和实践有建议或想进一步交流，就请与我联系，邮箱：shizhangqiang@sohu.com。欢迎指正。

石章强
于上海寓所
2011 年 1 月 23 日凌晨

目 录

CONTENTS

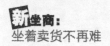
第二章　新坐商:如何坐怀不乱?

第一章

什么是新坐商？

一、坐商的演变

经营方式是以"坐商"模式为主，还是以"行商"模式为主？抑或是两者兼而有之？你可能会说，坐商更轻松点。坐拥交易，不出门就能轻松获得利益。其实，这种商业活动，要付出的同样很多。你要有你的目标市场，你要宣传，你要让别人能找到你，一般局限性比较大，守株待兔的销售往往容易陷入困境。积极的销售观念需要你根据市场的变动及时调整策略。行业要发展，第一要义是要走出去，搞好行商。然而在推进行商建设的过程中，仍要兼顾好坐商这一修身之本。当我们在外面不断地寻找市场、寻找客户时，更应该珍惜每一个来到前台的客户。如果这样的客户都接待好了，会有力地推进我们的行商建设。那么，在当前的市场环境下，如何运用新思维经营坐商呢？

面对市场竞争的加剧，各行业改变经营方式，着力提高对行商建设的重视程度，将加强营销体系建设提高到了战略层面。然而在建设过程中，我们越来越发现原有坐商模式的不足，如前厅接待人员的营销意识和服务意识薄弱，有时经理、营销员走出去成功地拉来的业务，却栽在了前厅接待员或者其他服务人员的怠慢上，他们对客户没有笑容，没有礼貌性尊称，甚至懒散得爱理不理。目前，在很多地方，坐商服务营销和行商营销还没有形成一套有效的联系和互动机制，业务的营销和本地的服务营销被简单地割裂开来。部分内部服务管理工作还只停留在抓几项基本制度的落实上，没能跟上行商建设的步伐。要解决这些问题，需要我们在加强行商建设的同时,突破固有思维,给坐商以应有的重视,让行商、坐商齐头并进。

行商属于"攻",坐商偏向于"守"。与踢球作战一样,有经验的教练员总是叮嘱进攻型选手在进攻中注意防守,而防守型选手要在防守中进攻,企业面对市场时也应该做到攻守兼备,建立行商、坐商间的互动机制,理顺专业营销、台面服务营销、综合营销三者间的关系。其中,专业营销应主要以专业产品为平台,重点抓好本专业商业性大客户及目标客户的维护和开发,扮演好行商的角色;店面营销应以店面为平台,面向公众提供标准化服务,并在众多的客户中筛选、培养目标客户,为综合、专业营销提供潜在目标客户群;综合营销则应抓好行业大客户、跨专业重点项目的开发与维护工作,协调专业与专业之间的关系。

这样看来,店面营销是联系综合营销与专业营销的一个节点。在具体的实践过程中,专业、综合营销要积极为店面营销提供客户消费偏好、习惯等信息,店面服务营销人员则应积极收集客户提出的意见和建议,并将目标客户提供给专业、综合营销部门,以此来形成各条线上的互动机制,以便共同开发市场。

从窗口来说,第一,要发挥服务功能,为行商营销提供良好支撑。客户对酒店的印象很大程度上源自台面服务。服务工作要运用多种方法加深客户对酒店的良好印象,为行商营销提供良好的口碑和服务支撑,包括建设 VIP 营销体验中心、旗舰店等精品服务点。第二,要积极发挥前厅与客户大量接触的优势,使前厅成为市场调查、客户信息搜集的一个主阵地。积极结合行商要求,重点加强对特定人群、客户群的名址收集工作,为营销工作提供基础,收集客户评价,促进工作提升。第三,前厅服务要起到巩固客户的作用,培养客户对酒店服务的依赖感。对于行商营销成功的业务,当客户在前厅询问时或是在内部休闲时,服务人员都要做好沟通协调工

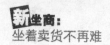

作,加强同行商人员的联系,正确理解客户的需求,协助做好客户服务工作。

新时期要用新思维来适应市场环境,在大力提倡走出去营销的同时,还要使店面服务人员认识到坐商营销的意义和作用,建立从业人员的培训常态化机制。一方面要做到新业务培训的100%。遇到推出新的管理制度、新的业务时,服务人员要及时、全面地做好服务支撑;另一方面要加强对服务人员营销技巧的培训。同时,还要积极探索,形成一套坐商营销激励机制,形成与行商管理相仿的业绩统计机制,调动全体员工的积极性和主动性。

坐商:静坐

坐商,也称"坐贾",指开设店肆,销售货物的商人。

《宋史·食货志下八》:"居者市鬻,谓之住税,每千钱算三十,大约如此。然无定制,其名物各随地宜而不一焉。"这是坐商缴纳住税的情况。在唐宋及其以后,城市经济发展,坐商的行业越来越多,作用越来越明显。明顾起元《客座赘语》中说:"薪粲(柴米)而下,百物皆仰给于贸易。"它包括 trades-man 和 shopkeeper 两种坐商类型。

(1)tradesman(as opposed to itinerant merchant)是"行商"的对称,它是指拥有一定数额的资本、具有一定的字号、在固定地址经营商业的商人。

(2)shopkeeper 是指店主、零售店的业主。

坐商,是以招牌和商号吸引顾客,扩大商店影响。招牌的形式多样,以实物、模型、包装品、额匾、旗子为招牌,多悬挂于店铺门前显眼处,以引人注意。旧时商号多雕刻于木板上,也有的书写于铜、铁、亚铝铸成的板上。现招牌、商号多以广告霓虹灯、铝合金、磨砂玻璃等材料装饰。商业街基本就

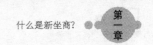

是此模式的集中体现。其经营特点主要是商人们除了在商品的适销对路、物美价廉等方面下工夫外，还须特别注意养成良好的店风，对顾客笑脸相迎、热情招呼，不能有厌烦、抱怨之举；经商守信，不能使假；成交最忌短斤少两等。

行商：傻行

行商，旧时俗谓"走贩"，特点是通过用特殊用具和叫卖声，吸引并招徕顾客。卖日用品的货郎担摇小手鼓，俗称"摇鼓担"；卖馄饨、豆腐花等小吃的敲碗匙；而与敲击节奏相映成趣的叫卖声，往往是卖什么喊什么，拖腔拉调，似喊似唱，"人未到声先到"，以广而告之。货郎们小本买卖，老少无欺。有的一生一世以此为生，老来才搁担停业。改革开放以来，为招揽顾客，方便顾客，沿街叫卖者也不乏其人，但这已不是"行商"的主流。从大的方面讲，更多的是通过策划、包装，利用各种媒体，各种展会推介产品，也就是品牌战略，在大众面前先混个脸熟，然后通过各种分销手段和直销手段扩大产品的影响力及市场的占有率。具体到细节上，各种销售策略还有很多。目前，最典型的一种"行商"方式就是物流配送。行商与坐商的主要区别也就在于行商具备配送能力。配送能力正逐步成为行商的核心竞争能力。

找商：瞎找

当传统的坐商模式不能吸引代理商的兴趣，广告投入越来越多、换来的咨询电话越来越少的时候，也是企业经营状况下滑的时候。在这种情况下，要么继续维持这种状态，增加广告和展会的投入力度，增加电话营销的成本，大力度地吸引代理商；要么主动出击，通过精准定位来深入市场一线，与

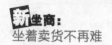

代理商亲密接触,真正深挖市场,主动寻找更多的代理商。我们称之为找商。

这两种不同的经营理念造就了两类企业完全不同的生存状况。延续走坐商模式的企业依然步履蹒跚,承受着巨大的压力而裹足不前;积极走出去的找商企业短期内销量并没有大的变化,但是伴随着其对市场把握能力的提高,在产品导入、渠道策略、宣传方向、促销政策、客情维护等各个方面的工作做得更细致、更有效,自然销量的提升就有了保障,致使企业在其精心细分的某一产品领域、渠道领域或市场领域完善自身品牌,实现其对某一细分领域的引导和掌控,最终成为这一细分领域的强势品牌和企业,并得到长足发展。

营商：盲营

进行市场深挖,短期内会增加招商企业客户数量,从而极大地提升产品销量。但是,这种销量提升后要长期维持就必须使企业与代理商形成"你中有我、我中有你"的战略合作联盟。实施长期、全面的合作经营才会最终提升代理商对产品的吞吐能力,实现销量的最大化。这样的一种操作模式,我们称之为营商。

营商的首要任务是了解代理商的情况,不仅仅要让代理商提货销售,更要了解其销售网络情况,并给予有效扶持。

(1)代理商是否有能力实现市场操作。代理商有大有小,实力不一,渠道不同。面对这么多产品特别是他们操作的招商企业的产品,代理商是否有能力成功打进各种渠道,这将在很大程度上决定企业产品在渠道的占有率和公司在该渠道的未来销售额。

(2)产品是否已经成功销售到消费者手中。面对竞争日益激烈的市场,企业产品有效地到达消费者手中,得到消费者认可,从而激发其二次、三次乃至多次购买,才是产品生命力的有力保障。没有消费者认可的产品不会有市场,而消费者根本看不到的产品照样没有市场。

(3)代理商下次进货的时间。任何企业都希望市场是永存的,并且取之不尽、用之不竭。从这个意义上讲,代理商进货的频率、额度在很大程度上决定了企业的发展。所以,代理商下次进货的时间对企业发展至关重要。

(4)在代理商的销售环节中,最需要企业提供支持。代理商的需求在不同时段是不同的,并且代理商实力的大小不同需求也各不相同。这些信息需要企业的业务人员在市场一线工作中了解并掌握,从而根据客户的不同情况予以分类,提供不同的支持,促进其整个销售环节顺利、高效地运行。

营商讲究的是与代理商协同发展、合作共赢。招商企业的营销行为,不能透支代理商的资源,企业产品招商营销的整个过程要尽量满足代理商的利益需求,然后才是企业自身的盈利,否则将不会形成良好的合作关系。

二、从坐商到新坐商

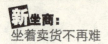 **坐商：坐着等商**

以前，人们喜欢把做买卖的人分为多种，有被称为儒商的，有被称为奸商的，众说纷纭，莫衷一是。不过，大多来讲，商人留给我们的印象是勤奋的。

然而，对于商人而言，大家更愿意以商人的经商方式来划分。比如，坐商，就是坐以待毙、故步自封的商人；行商，就是行走市场、与时俱进的商人。

多年的营销、管理和咨询生涯中，在与大量的商人接触时会留下这样一种印象：坐商往往大多在当地的商界有一定的地位，他们通过多年的打拼，现在手里掌握着几个品牌，而且有一定的市场基础和客户群体，也有一定的成功经验；他们依靠自身的努力和厂家品牌的发展，取得了一定的销售业绩（当然，通常厂商之间的关系也非常密切）。鉴于以上多种原因，这部分商人开始产生了一种飘飘然的感觉。

恰恰到此时，随着市场竞争越来越白炽化，品牌厂家也由原来的粗放式经营和管理向精细化的方向迈进。当然，此时有一部分经销商已清醒地认识到，只有学习"老鹰重生"的精神才能跟得上时代的潮流，再次成为新时代商界的佼佼者；而此时，也有一些经销商依靠自身的发展和自认为与厂家非同一般的关系，坐在家里搞批发，我们称之为"啃老骨头"。他们每天的利润就是批发价减去从厂里采购回来的价格，除去物流费、装卸费、租金等花在经营和管理上的费用，可以说是微乎其微；有的经销商代理的区域很大，而业务人员却很少，根本无法满足现今市场竞争的需要，当然更别说名目繁多的推广活动了。

我想，正是因为他们有一套"丰富的经验"，而导致其落入这么一个尴尬的局面。他们大多是靠代理大区域而获得利润的，对市场的变化不会有敏锐的洞察力和信息瞬息万变的深刻认识。或许，这种"坐商"，我们也可以称之为一种"NO NO 族"吧！

我们知道，现今的社会，改变不一定会成功，但不改变一定不会成功。

新坐商：先"拉"，再"杀"

那么，什么是新坐商呢？

新坐商实际上是行商和营商的结合体。

比如，某地板行业的经销商每天让业务员规划好线路、联系好客户，把货送到下线，同时维护和开发客户；某橱柜行业的经销商主动在市区的繁华地段做墙体广告、主动提高下线客户的专卖店的形象、装 LED 显示灯，等等，这些可谓是典型的"新坐商"之楷模。

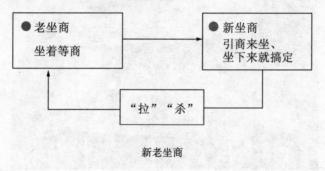

新老坐商

对于新坐商来说,核心在于迅速提高销售量。提升终端销量有两件事:一件是增加客流量;另一件是提高成交量。通俗地讲,一件是"拉";另一件是"杀"。这里增加客流量就是"拉",提高成交量就是"杀"。换句话说,要提高销售量就是要多"拉"多"杀"。

一、"拉":把消费者拉到你的终端

"拉"的问题就是解决客流量的问题。

现在企业遇到的首要问题就是客流量迅速减少,不说2008年的金融危机,就是金融危机到来之前,卖场的客流量也是一天比一天少。客流量减少似乎成为了长期的趋势。近些年,很多行业开始重视终端销售培训,主要是因为卖场越开越多,客流量越来越少。"五一"的人气还比较好,到了"十一"差一点,元旦更差。2010年,随着终端的密集化,不少门店和卖场还有些人气,而2011年卖场的人则越来越少。

2008 年，我们帮助双鹿电器策划的"百千万工程"就是典型的"拉"工作。

双鹿"百千万工程"就是在全国 100 个重点地区、1 000 个重点县市、10 000 个重点乡镇开展双鹿冰箱家电下乡"百千万工程"移动终端路演推广活动，帮助终端客户卖货挣钱，帮助代理商出货抢占市场，真正把价廉物美的双鹿好冰箱送到农民朋友手中。

二、"杀"：把你的产品卖给消费者

"杀"的问题就是解决成交量的问题。

销售的过程如果分开来讲，就是先把消费者拉到自己的柜台前，然后通过销售技巧把产品卖掉。就是先有"拉"再有"杀"。二者配合好才能快速提高销量。

2010 年，我们帮助双鹿电器策划的惠农扶贫工程就是典型的"杀"工程。

双鹿电器携手中国扶贫基金会，共同开展了"惠农扶贫工程"，双鹿每销售一台冰箱(洗衣机)，就向中国扶贫基金会捐赠一元钱。同时，通过厂家、经销商和终端商三方共同让利，与各地县镇乡村政府合作，在正常享受 13% 的家电下乡补贴的基础上，每台冰箱(洗衣机)以代金券形式直扣 200～500

元不等。该活动重在落实国家的家电下乡政策,让利于民,让更多的农村贫困群体也能使用上优质的双鹿产品,从而达到惠农扶贫的目的,在某种意义上,也帮助经销商实现了产品的动销。这项工程的实施不仅让消费者从中得到实惠,也让经销商从中赢得了利润,同时也使公司的产品生产实现了良好的动销状态。

双鹿的"百千万工程"在经销商中引起了不小的反响,并且在很大程度上也切实给经销商带来了销量的提升,并且也对双鹿的品牌有了很好的宣传效果。但是,"百千万工程"也暴露了出来几个不好的特点:一是活动需要投入的人力、物力太大,很难形成连续性,一旦活动停止,销售情况也会受到影响;二是活动的商业氛围太浓,消费者一看这样的活动就知道是促销活动,而在家电下乡的大背景下,广大的农民消费者还是更希望能有兑现的实惠;三是竞争对手相对容易模仿,双鹿的"百千万工程"引得上百家企业纷纷效仿。

如何才能让双鹿的下乡活动更有权威性和可持续性呢?

经过锦坤与双鹿高层的商讨和谋划,双鹿的惠农扶贫工程诞生了。

对于双鹿的下乡活动来说,惠农扶贫工程就是"百千万工程"的升级版。惠农扶贫工程通过各乡镇政府的参与和带头组织,把惠民卡直接发放到农民消费者手中,农民消费者在购买产品的时候可以直接抵扣现金,同时通过规定惠民卡的实效性又很好地促进了销售。通过各个地区各个乡镇的逐步参与,惠农扶贫工程不但有了权威性和可持续性,而且极大地减少了厂家和商家的人力和物力的投入,还带来了比以前更好的市场效果。

这就是新农村市场操作中绝好的多赢局面:企业轻松占领了市场,消费者很方便地享受到最大的政府支持和企业优惠。

此举也让双鹿于 2010 年在全国范围内诞生了上千家千万级的新坐商。

对于新坐商来说,首先,他们是锐意进取、不断追求突破的商人。他们不会停留在以往成功的经验上,而是不停地去走访市场、了解信息,采取各种营销手段主动地去炒作市场,而不是"等、靠、要"。他们会利用一切可以利用的条件去践行"创意是营销的灵魂"这句箴言。

我记得有篇文章中有句话说得好:"当今时代一切都在变化,不变的只有一条,那就是永不停息且愈演愈烈的变化。"有一次,我在电脑商城里面碰到经营东芝笔记本的一位女老板,她说:"如今的生意竞争太激烈、太难做了,看来是要改行了。"我当时告诉她说,她现在所处的是红海营销模式,除非转型为蓝海营销模式,否则永远也摆脱不了竞争。我接着问她:"您认为现在的 IT 好做还是 5 年前的 IT 好做呢?"她回答:"5 年前。"我又问:"您估

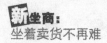
计是现在的生意好做还是 10 年后的生意好做呢？"她回答说："现在的好做。"我接着又问她："您不做 IT，难道就没有人做这个行业了吗？还有就是，您认为 10 年后 IT 的这种营销模式会改变吗？"她说："当然有人做，经营模式也应该不会改变吧。"最后我说："那就对了，全力以赴地去拼搏，我们现在只有永远走在营销车轮的前面，才不致被碾压，才能成为行业的弄潮儿。这才是真正的新坐商。"

案例："真功夫"PK"沙县小吃"——新坐商的威力

沙县小吃图片

1. 遍地开花的"沙县小吃"

2003 年 11 月，因物价上涨，福州市"沙县小吃"业主曾酝酿集体将扁肉、拌面的价格从 1 元提到 1.5 元，但以失败告终。此后至今，约 3 000 家"沙县小吃"店撤离福州，大多转战利润较高的杭州，在那里，每碗扁肉、拌面最高可卖到 3 元。

这被"沙县小吃"业界视为发展史上的"福州突围"。此后，全国出现了上万家"沙县小吃"店，各店人员素质参差不齐，一些业主对培训并不重视，管理不规范，质量也难保证，加上卫生状况差，受原材料和制作工艺的限制，品种几乎一成不变。在冒牌店和当地小吃的夹击下，"沙县小吃"处境尴尬，发展"瓶颈"日益凸显。

目前，全国经"沙县小吃"同业公会颁发的正宗"沙县小吃"匾的店不到10%。

"沙县小吃"未来可以三种业态存在：一是规范化连锁经营公司；二是已有的小吃业主二次创业、自我规范；三是学校、工厂周边的小夫妻店。而小吃办和同业公会今后主要针对前两种业态。

对于最后一种业态，由于"沙县小吃"主要是以蒸、煮、炖为主，油烟少，如果业主们自觉规范、提高卫生水准，当地政府应放宽办证准入门槛，而不能为了品牌提升而放弃劳动力转移的需求。

"沙县小吃"目前注意在外向型发展上做文章，前提是统一形象、规范发展，确保食品安全，实现诚信经营。这需要政府、协会、企业和社会各方面的努力，强化"沙县小吃"的整体素质，加强对从业者的业务培训，同时加快技术革新，开发一些可批量生产的工业化产品或半成品。

(1)共用品牌。区域内大批中小企业参与，各个企业相对独立，采用同一品牌直接面对市场开展营销，如福建省"沙县小吃"品牌饮食企业已超过1万家。

(2)产品标准化。在同一品牌的各企业中产品生产、制作的工艺流程、设备性能和操作间的要求等方面都要求标准化，如遍布全国十多个省市的"沙县小吃"饮食企业都是福建省沙县人开的。"沙县小吃"产品的业主一般都要到沙县的小吃培训中心培训，使得所有饮食企业都采用同一工艺(由于小吃产品主要取决于操作人员的习惯与经验，因此只能是半标准化生产)。

（3）特色明显。用同一品牌的产品独具特色,明显差异于其他的没有使用该同一品牌的同类产品。产品采用传统的制作工艺或独特的制作方法,有其独特的性能,其他企业很难模仿,如"沙县小吃"的当家产品馄饨和拌面极具地方特色,一些关键作料甚至要从沙县老家带来。

（4）统一管理。参与品牌集聚的企业都受到一定组织(民间组织,如同业公会或政府组织)的指导和监督,如"沙县小吃"同业公会对饮食店的行业指导与监督。

（5）品牌优势。品牌知名度高,有很强的特定地方色彩,如"沙县小吃"品牌的"沙县"二字是独具的、不可替代的,经连续数年的成功推广和销售网络的广泛渗透,在相当范围内有相当高的公众认知度。

目前,沙县重点加强规范化培训工作,小吃培训服务中心从职业道德、规范标准、市场信息、经营理念、卫生常识、卫生管理、维权保障知识等方面对经营业主进行规范化的强化培训,以提高他们的技术水平和经营管理水平。2004 年,"沙县小吃"店核准使用"沙县小吃"注册商标,开始推行"沙县小吃"经营标准化工作,培育"沙县小吃"标准示范店,对经营"沙县小吃"人员的素质、小吃经营店的标准、小吃品种质量标准,以及经营服务等方面都提出了具体要求,并积极引导经营业主按照"沙县小吃"经营标准要求进行整改提高,推进一批有一定基础的小吃经营店率先达到标准化经营。对未办理"沙县小吃"注册商标准用手续,又不按照经营规范标准经营的小吃店进行全面清理,责令其停止营业,取消其商标使用权。在"沙县小吃"比较多的城市,依托当地烹饪协会逐步组建在外行业管理组织,建立自我管理和自我约束机制。目前,已在上海、厦门、杭州组建了"沙县小吃"行业管理组织。现在,沙县人将每年的 12 月 8 日定为"沙县小吃节"。

2.步步为营的"真功夫"

通过连锁经营，"真功夫"由一个小小的蒸品店，发展成为如今拥有100多家直营店，在中国能与世界著名洋快餐"麦当劳""肯德基"分庭抗礼的中式快餐连锁业的代表。它的成功，为我们仍在实践中不断摸索发展之路的中小民营企业指明了一条快速扩大企业规模，提升企业品牌价值的生存与发展之路。

"真功夫"菜单

"真功夫"全球华人餐饮连锁，创立于1994年4月14日，当时名为"168"蒸品快餐店，在东莞市长安霄边开张。1997年，凭借首创的"电脑程控蒸汽设备"攻克了整个中餐业的"标准化"难题，并于同年注册"双种子"

商标,成立了东莞市双种子饮食有限公司,新一代双种子蒸品餐厅由此诞生,宣告了"168"时代的终结。2004 年注册"真功夫"商标,成立了"真功夫"餐饮管理有限公司。2004 年 6 月,第一家"真功夫"餐厅在广州东山口开业。2005 年开始了品牌整合进程;同年 7 月,三家"真功夫"分店迅速登陆北京,全国战略部署已经基本完成。如今,"真功夫"已在品质、服务、清洁等方面与国际标准全面接轨,它以华南、华东和华北三大现代化后勤中心为依托,已拥有 100 多家直营连锁餐厅,遍及广州、北京、上海、深圳、东莞、珠海、中山、惠州、江门、杭州、宁波,迅速发展成为中式快餐业的领导品牌。2006 年 6 月,中国烹饪协会与快餐联盟网联合评选出"2005 年度中国快餐企业 20强","真功夫"排名第六位,位居本土快餐品牌第一。

由当初一家小小的蒸品店,发展成为如今拥有 100 多家直营连锁餐厅,以全新模式运营的本土中式快餐第一品牌连锁企业"真功夫"的快速成长主要得益于以下三个方面。

(1)模仿学习。吸收西式快餐的先进餐饮连锁管理经验,是"真功夫"前期成功的重要原因。"真功夫"的创始人之一蔡达标先生早在初中时代就受到一本介绍麦当劳快餐王国的漫画书——《麦当劳的神话》的影响,从中了解到了一些餐饮连锁经营的先进模式,并立志要做美味、营养的中式快餐,向洋快餐叫板。当他与另一位合伙人潘宇海先生开了三家"168"蒸品小店后,发现传统的中式快餐不适合企业的发展,之后他们就通过朋友认识了一些麦当劳的中高级管理人员,向他们学习了麦当劳的一些先进管理模式,如麦当劳的柜台自助售卖模式等,并从麦当劳引进了一些高级管理人才,于1997 年在虎门开了第一家"双种子"店。可以说,"真功夫"从表面上的店铺、厨房设计,到标准化生产的形成与发展,都得益于西方洋快餐连锁的先进管理经验的启发与借鉴。

从初步的模仿学习中尝到甜头后,"真功夫"一直非常重视对西方先进管理理论和经验的学习,蔡达标先生不仅本人参加了中欧国际工商学院的EMBA课程学习,而且还专门在企业内部设立了一个自己的"MBA管理学院"。该学院成立于2003年,主要是针对中高层管理者创办的。学院的培训师主要来自公司的高层管理者、行业相关的资深职业经理人,以及一些管理专家顾问。目前,该学院已经培养了35名核心管理人员,不仅提升了企业的整体管理水平,而且有效地支持了其快速直营连锁扩张的发展需要。

(2)创新发展。麦当劳、肯德基等洋快餐连锁经营的成功,让"真功夫"的蔡达标先生认识到,如果没有标准化体系的支持,传统的中式快餐将难以迅猛发展成为连锁企业。经过对比分析思考,他意识到中式快餐要做到标准化,关键是必须摆脱对厨师的依赖,这就必须开发出一套适合我们自己做中餐的标准化烹饪设备。有了这个设想,"真功夫"与华南理工大学联合研发了一套专门的电脑程控蒸气柜。利用该套设备,就可以按照预先设定的流程进行标准化的输入操作了。中式快餐"标准化"瓶颈的攻克,使得"真功夫"在中式快餐行业脱颖而出,并取得了长足的发展。2005年,蔡达标先生因其在中式快餐烹制设备标准化方面的创新贡献,被评为"2005中国连锁协会年度人物"。

骄人的成绩并未让"真功夫"就此停下创新的步伐,在实现了设备标准化后,他们又进一步开展了所谓"深化标准化"的创新行动,先后实现了餐厅操作标准化和后勤生产标准化。1999年,"真功夫"立足于本土中式快餐的自身特点,对员工培训、厨房岗位操作、市场推广、品质与服务、餐厅经理文书处理等十多个工种、近百个岗位的操作,一一制订了详细的标准体系,并形成了几十万字的《营运手册》。这套手册是在洋快餐营运手册的基础上,结合本土特点的又一次创新,堪称中式快餐业目前最完善的标准化宝典。执行《营运手册》后,整个企业的经营管理又往前大大迈进了一步,餐厅运营变得更加标准有序,并大大简化了整个生产及营运的流程管理,使"真功夫"开连锁分店变得更加高效、迅速。实现餐厅操作标准化的同时,"真功夫"又率先将中式快餐连锁业从传统的前店后厨模式中脱离出来,采用了国际现代化的后勤与店面相分离的管理模式,实现了后勤生产标准化。目前,它已在全国拥有华南、华东和华北三大后勤中心,总占地面积 42 704 平方米,并设立了科学严密的流程管理,所有"真功夫"餐厅原料都由后勤统一采购、加工和配送。从生产设施到食品安全体系,全部实行科学管理:原材料采购精益求精,加工生产全密封进行,再到高科技包装、集装,最后通过精装冷冻车配送到各个餐厅等,为实现中餐操作标准化提供了有力支持。2005 年,"真功夫"通过 HACCP 食品安全管理体系及 ISO 9001 质量管理体系两项国际认证,在中国消费者心目中树立了优良的高品质形象。

(3)品牌营销。"真功夫"在实现了中式快餐三大标准化的创新之后,基本完成了初步的企业内功修炼,为创建连锁品牌奠定了坚实的基础。在品牌推广方面,"真功夫"成功地运用了以下几个关键策略。

① 提炼具有强烈感召力的企业文化。"真功夫"的创始人蔡达标,自幼喜欢英雄人物,后来受到电影"少林寺"的影响,着迷于中国博大精深的武术文化,更梦想成为一个武艺超群的武术家,并且向世界弘扬中国的功夫文化,让世人都能身体强健,奋发向上;另一位创始人潘宇海出生在一个精通烹饪的家庭,是一个天生的美食迷,喜欢跟海内外的名厨切磋和交流,曾经走遍神州大江南北以及世界各地,尝尽天下美食。他发现中国"蒸"的烹饪方法和饮食文化十分独特,是烹饪方法中最能保持食物营养的一种。他的梦想是将中国蒸的饮食文化发扬光大,让世人都能品尝到营养美味的蒸制食物。两位创始人梦想的结合,构成了他们对未来的共同新梦想:"把餐厅开到世界各地去,弘扬中华民族优秀的文化,让每一个人都能享受到真正营

养美味的食物,让每一个人都能在功夫文化中锻炼自我,培养勇于挑战的精神,成为生活中真正的强者。"这一新梦想便形成了"真功夫"独具感召力的企业核心文化:"弘扬中华民族文化,传播营养健康美食"。作为与洋快餐对决的中式快餐连锁企业的代表,这一企业文化无疑凸显了中式快餐的优势,并具有强大的民族感召力,有力支撑了随后的连锁品牌的打造。

② 进行品牌整顿,打造世界品牌。在形成了自身独具深意的企业文化之后,"真功夫"又在2003年年底斥资约300万人民币,请专业的营销策划机构帮他们打造全国性、全球性的品牌。在对品牌核心价值重新分析与定位的基础上,结合特有的企业文化内涵,"真功夫"最后提出了"全情投入,用足功夫"的品牌文化,突出了"'真功夫'是'蒸'的营养专家"的品牌核心价值。难怪"真功夫""营养还是蒸的好"的口号一提出,便马上被广大消费者所接受,并留下"'真功夫'是做蒸品、炖品的,吃了健康"的深刻印象。

③ 巧妙运用整合营销。2004年,在"真功夫"刚完成公司更名,正在做品牌推广之际,巧逢《功夫》这部影片刚开始上映。考虑到该片所弘扬的正气以及片名的意义都较好地与公司宣扬的企业文化相一致,"真功夫"便与电影推广公司达成了品牌整合营销的合作,公司投入一定资金获得《功夫》电影海报的使用权。通过把印有《功夫》主角的海报向顾客发放,以及制作一些巨幅海报,在深圳、广州的公交车、地铁、高速公路上投放,迅速提升了"真功夫"新定品牌的知名度。紧接着又通过与第二部影片《霍元甲》的品牌整合营销,利用该片进一步向公众传递"真功夫"这一新品牌所提倡的阳刚、正义、勇于挑战、自强不息的深刻内涵。此外,借助李连杰的功夫形象,更加体现了"真功夫"的品牌精神。通过这两次与电影推广公司巧妙的品牌整合营销,"真功夫"较为彻底地完成了他们由区域品牌向全国性、全球性品牌的转换推广。

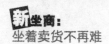

附:苏泊尔新坐商分类评估表

要素分类和权重		评估子项目	权重	评估内容	评分方式	分值	得分	总得分
基本要素共75分		企业性质	10	经销商法人资格	独立法人 + 一般纳税人	10		基本要素总得分:
					独立法人 + 小额纳税人	5		
					非独立法人	0		
		流动资金	15	现有流动资金(库存值 + 应收账款 – 应付账款,只用于苏泊尔生意),按苏泊尔月销售额的倍数计算,对新经销商按预估的月销售额	多于3个月的目标销售额	15		
					2~3个月的目标销售额	10		
					1~2个月的目标销售额	5		
					少于1个月的目标销售额	0		
	基础设施15	运输	7	在辖区内可用于服务终端和二级客户的运输能力	能够满足市场发展需求	7		
					基本满足现有网络需求	4		
					不能应付现有运输需求	0		
		仓库容量和方便程度	6	用于储存苏泊尔货物的仓库容量	能够满足市场发展需求	4		
					基本满足现有网络需求	2		
					不能应付现有需求	0		
				具有存放苏泊尔退换货的独立区域	有	1		
				具有存放苏泊尔广告宣传品的独立区域	有	1		
		电脑化程度	2	用于经营业务的计算机及相应软件	有且在使用	2		
	人员15	组织结构	6	具备完整的经销型企业的组织架构	拥有销售、财务和行政队伍	6		
					只有销售队伍	4		
					只有行政和财务人员	2		
					没有专门人员	0		
		业务人员	9	专做苏泊尔生意的业务人员应该满足市场潜力所需	能够满足市场发展需求	9		
					基本满足现有网络需求	5		
					不能应付现有需求	0		
		市场潜力	10	现有网络覆盖整个市场的比例(经市场调查确认,整个市场指全部可能客户)	高于全部可能客户的60%	10		
					高于全部可能客户的45%	5		
					高于全部可能客户的30%	3		
					低于全部可能客户的30%	0		

续表

要素分类和权重	评估子项目	权重	评估内容	评分方式	分值	得分	总得分
基本要素共75分	直营终端的销量占比	5	直营终端销量占该经销商辖区内总销量的比例	高于全部销售的70%	5		基本要素总得分:
				在50%~70%	3		
				低于50%	0		
	合作品质	5	与苏泊尔做生意的意愿及合作态度(仅由区域经理判定)	非常愿意并遵循苏泊尔的方针,且积极投资	5		
				出于体面和压力经营苏泊尔产品,需要说服	2		
				没有长远业务发展目标	0		
附加要素共25分	目前生意9	生意细节	6	1.是否有炊具产品的经营经验	两项都符合	6		附加要素总得分:
				2.没有苏泊尔产品以外的生意	符合其中一项	3		
					两项目都不符合	0		
		经营状况	3	经销商区域内苏泊尔生意增长率要高于同期苏泊尔整体市场增长率	高于同期增长率	3		
					低于同期增长率	0		
	信用程度	7	目前与苏泊尔做生意的付款情况(对新经销商考虑之前与主要供应商的付款信用)	全部预付款	7		
				少于或等于30天账期	2		
				多于30天账期	0		
	终端客户对该经销商的信任度	6	1.坚持固定和有规律的拜访计划	3项都做到	6		
			2.保存有效客户记录卡	做到两项	4		
			3.对促销和坏货及时服务	都做不到	0		
	管理层经验	3	主要管理人员从事分销的经验	5年以上	3		
				2年以上	1		
				2年以下	0		

附注:
(1)经销商评估总得分为基本要素得分与附加要素得分之和(总分100分);
(2)新经销商评估时基本要素得分必须在60分以上,60分以下的经销商不能作为候选经销商;
(3)总分在85分以上的经销商为A类经销商;
(4)总分在75~84分的经销商为B类经销商;
(5)总分在65~74分的经销商为C类经销商;
(6)总分在64分以下的经销商为D类可替换经销商。

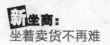

三、要做就做新坐商

从守株待兔到守株抓兔——"株":"拉兔"四步曲

好的宣传设计是吸引顾客的第一步,要让顾客从店外走进你的专柜,看到你主推的产品,你就必须在媒体信息发布和现场布置与包装方面下工夫。由于大部分企业是没有电视、报刊和电台的相关费用预算的,所以通过媒体发布信息花大钱的道路被堵死。面对这一挑战,我们只能在客户圈定的"现场布置"上做足文章。

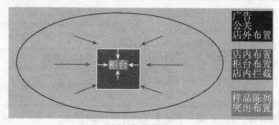

店内布置示意

1.店外布置

在店面的布置上,店面里的条幅、台阶贴、地贴、海报都要突出促销主题。一个完整的布置就是让消费者走到这个店从而停下来。请看下面金立手机的店外布置图片。

2.店内布置

如何将消费者拉到你的柜台前呢?

我们要做的是将进店的大部分顾客拉到我们的专柜前。我们要把柜台布置漂亮,要有专柜、背板、灯箱、柜台贴、柜台堆头及柜台内的拉纸。

金立手机店外布置

再以金立手机为例。在节日期间,金立的终端都会有三层 KT 板:上面一层挂在最高处,用以吸引 10 米外抬头走路的顾客;中间一层支在柜台上 80 厘米高处,吸引 5 米内平视的顾客;下面一层吸引 3 米内低头走路的顾客。关于如何陈列这些 KT 板,这里有一个我发明的"三眼"执行标准:一是设计抢眼,吸引顾客眼球;二是悬挂挡眼,遮断顾客视线;三是效果惹眼,把竞争品牌惹急了!而且,KT 板数量要足够多:以柜台上的牌子为例,一节柜台插两个,两节柜台插三个,三个柜台插四个,依此类推。每节柜台少一个就要罚款 20 元。

金立手机店内布置

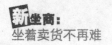

3.柜台布置

还有一个问题,即怎样保证促销利润的问题。经常有些区域经理给我们打电话,说他们经常举办大型促销活动,效果是蛮好的,但总是只卖低端产品,问我们如何改善,如何在宣传上标新立异,在活动振奋人心的基础上,主推高端机,确保利润。

这种花钱赚吆喝的情况比较普遍。如果不加以控制,就会陷入"不降价不促销,不低价不促销,销量上升利润下降"的恶性循环。如何使消费者买我们的主推产品? 这关系到高端产品的凸显陈列、突出布置。

怎么突出?

一是突出产品,把产品做个标志;二是突出价格,把价格签做大;三是突出功能,把独特卖点写出来;四是突出促销,指出促销品,或原价多少现价多少。

比如,还是以金立为例,我们要主推高端手机。动作要领为:

(1)价格签:要比普通的价格签大;

(2)促销签:写上原价多少,现价多少;

(3)功能签:产品功能不能写得太粗糙;

(4)红丝带:用它突出这个产品。

金立手机的广告画面

当然,这只是解决高端手机"好卖"的问题。如果要导购员"愿卖",就要加大高端机单台销售提成。导购员"不会卖"高端机怎么办? 这里暂不叙述,在成交章节我们会一起学习,一起演练。总而言之,促销高端机不要怕麻烦,大多赚钱的买卖一般都很麻烦。

4.终端拦截

节假日促销期间,总有那么一些消费者东游西逛,就是不到你的柜台来,或者径直走到竞争对手的柜台前购买产品,怎么办? 这就需要实施终端拦截了。

如何让卖场内的客流量变成自己品牌柜台前的客流量?

这里还是以金立为例。节日促销期间,诺基亚等竞争品牌也招了很多临时促销员,金立的柜台位置不如他们占优势,且经费有限,请的促销员没有他们的强势,在这种情况下,培训促销员如何站位、如何拉客、如何拦截、如何让羞羞答答的大学生敢喊话,看似简单,但这必须把各门店的柜台布局用电脑模拟下来,让大学生在课堂上用心思考,进行电脑模拟试验,然后拉开桌椅,摆成模拟手机卖场,把诺基亚当做假想的敌人,进行终端拦截与反拦截实战 PK,以引导他们占领战略要地,提高拦截技能,锻炼心理素质,保证拦截效果。

电脑模拟合格后,是实战演习。拉开桌椅摆成手机卖场,两三个人扮演诺基亚临时促销员,两三个人扮演金立促销员,然后进行终端拦截与反拦截实战 PK。双方各自一会儿占领战略要地,一会儿绝地攻击,这种电脑绘图模拟与情景实战模拟感觉像是军事训练,不仅锻炼了促销员的心理素质,而且保证了拦截效果。

载歌载舞店内巡游。手机卖场的适度开放,给手机促销策划人一个很好的想象空间。派发传单早已演化为列队举牌,鼓掌叫卖也早已升格为话筒喊话。这次呱呱叫的助威扇派上了大用场——手机卖场大跳"扇子

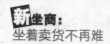

舞",而且边跳边唱"试手机,送扇子,金立手机送扇子"。载歌载舞是大学生的拿手戏,培训大学生促销员那天,我让他们自编自演,获胜者重奖一打可口可乐。他们一口气排演了六段不同版本的扇子舞,让观看的经理们笑得前仰后合。

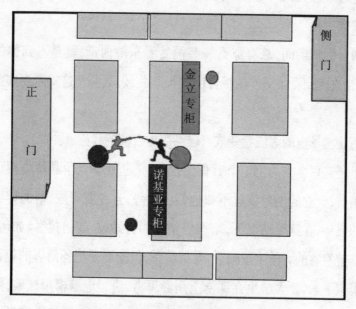

销售的实战演习

定人定岗的终端拦截与载歌载舞的游场活动是 POP 勾引消费者的有力补充。一旦金立柜台前没有顾客,终端拦截小分队闪电出击,金立柜台前马上就人山人海。

因此,所谓"拉"就是这样把消费者从店外拉到店里,从店里拉到柜台前,在柜台前让顾客一眼选中我们推荐的高端产品。如果这部分的终端陈列做得好,使你的客流量增加了 3 倍,那你的产品销量就能够提高 3 倍。

记住:如果条件允许,你还要做定位的终端拦截和游动的终端拦截。即使不能把消费者全部吸引来,也要保持你的柜台前的消费者川流不息;否则,你只能眼巴巴地看着竞争对手"拉"而唉声叹气。

"抓"："杀兔"四步曲

终端导购或终端"杀"四步曲概括来说就是：导入→加值→分解→总结。

为了方便并生动地诠释"杀"四步曲，特以友邦集成吊顶为案例进行讲解。

第一曲　导入

强势导入集成吊顶、友邦及友邦产品。例如：

(1)欢迎光临，我是友邦集成吊顶设计顾问，我叫×××，如果您有任何家庭装修、家居购买及集成吊顶设计方面的问题或想法，可随时找我。

(2)集成吊顶是友邦发明集成吊顶时所确定的行业名称。集成吊顶就是根据您的家装需求为您量身订制个性化的整体吊顶解决方案，将照明、换气、取暖等功能模块与吊顶完美结合，它具有美观、实用和安全等特点，个性化设计让你的家装更有特色且具有唯一性，模块化设计使电器功能更安全，自由式组合让你使用更方便。

(3)友邦2005年发明了集成吊顶，2006年通过整合全球顶尖资源设

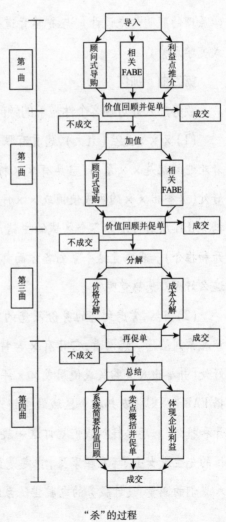

"杀"的过程

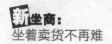

计和制造产品,包括德国欧司朗、大韩铝业、LG 建材等把集成吊顶变成了一个产业,2007 年,全国已有 1 000 家专卖店,2 000 名设计顾问为您提供服务;2008 年,平均每 67 秒就有一个中国家庭购买友邦高品质的集成吊顶,为他们的新家增光添彩。

(4)友邦所有的产品都坚持三"不"原则——与品质原则违背的材料坚决不用(使用高成本的金属支架和高品质的进口铝吊顶基材),与健康冲突的工艺坚决不用(不用所谓好看的硫酸腐蚀工艺,使用最适宜婴幼童眼睛光学原理的照明灯光设计),与美学背道而驰的元素坚决不用(不使用暴发户式美学元素)。

第二曲 加值

顺势加入针对顾客个性需求的顾问式导购及 FABE 法。例如:

(1)×××先生(太太),您真有眼光。在我们这个区域,目前,最受消费者欢迎的就是××系列,它具有××特征,有××优点,对你有××利益和好处(并举出××购买或使用或××评价的证据,此处需要补充的东西可根据 FABE 原则将友邦各个区域的主销产品进行特征、优点、利益及证据的展开和推介)。我感觉这个系列各方面都特别棒,要不为什么在这个地方卖得这么好呢? 您感觉呢?

(2)当然,考虑到您的身份及您的家庭装修风格,我们特推荐这款××产品系列给您。您看看,它具有××特征,有××优点,对您有××利益和好处(并举出××购买或使用或××评价的证据,此处需要补充的东西可根据 FABE 原则将友邦各个区域的主销产品进行特征、优点、利益及证据的展开和推介)。怎么样? 我们就订这一款吧? 它最配像您这样有气质的、有品位的先生或女士了,装在家里,肯定是最靓的亮点。要不先交订金,马上进入我们的测量、设计服务的电脑排队系统?

第三曲 分解

把顾客的需求价值与购买成本进行专业化分解,打消顾虑,强化性价比、价值感。例如:

(1)您要知道,对于一个新家来说,其实顶上装修是最重要的部分,尤其是厨房和卫生间。您想想看,如果您家厨房买了高档次的橱柜,卫浴用了品牌浴柜,而顶上装修却还是传统的吊顶的话,既不美观又不时尚,价钱也不便宜,售后服务也不方便,即使用了非品牌集成吊顶,不匹配的弊端依然展露无遗。如果卫生间顶上装的是浴霸,就更麻烦了:散热不均,通风不畅,照明伤眼睛,还有随时散热不及时导致的爆炸等安全隐患,而且价钱与我们的吊顶相比,并没有便宜多少。从风水学上讲,顶天才能立地,顶天的部位没有做好,怎么能立地呢?比如,胡锦涛主席在奥运会开幕式前宴请全球80多个国家政要的人民大会堂宴会厅的顶就是整个大厅里最出彩的,我们将来推出的客厅、餐厅等空间的吊顶就将是这种风格。怎么样,我来帮您挑一款?

(2)选购集成吊顶最重要的是要看三个标准:第一是看功能主机和板材是不是使用了以 AO 技术、朗格威特工艺、乐森工艺为代表的六大技术、四大工艺,AO 是当今世界上使用最环保材料的装修应用技术,是友邦和德国、意大利的铝厂联合开发的,以前这个工艺只用于高级数码产品,如笔记本电脑、高端手机(因为抗电磁辐射)等,大部分吊顶及其他建材企业用的都是普通的 PVC 覆膜技术,比如看照明是不是使用了 LF 健康照明技术,这是友邦和全球照明巨头联合研发的光线不闪烁、不伤眼睛的独家专利技术,其他品牌的照明看起来很亮,但容易导致近视眼。这六大技术、四大工艺是友邦发明集成吊顶100多项专利技术的核心体现。第二是看艺术,也就是美学价值高不高,设计的产品有没有被国家艺术博物馆收藏,友邦产品被北京国家博物馆永久收藏,代表国家对友邦产品设计的认可。第三是看健康环保指数,即能不能达到国家环保标准,甚至达到欧盟标准。友邦是国家环保总局和全国工商联共同成立的中国绿色家居委员会的常务理事单位，正在起草、制订吊顶行业的绿色环保标准。只有同时符合这三项标准的集成吊顶才是好吊顶。我现在帮您推荐的这一款除了特别符合这三项标准，还具有夏天快速通风、冬天均匀取暖的功能，让您及家人冬天在厨房和卫生间不太冷，夏天也不太热。怎么样？如果您交了订金，我就可以马上帮您安排我们的首席设计顾问上门去给您量尺寸，设计方案。

第四曲　总结

简要回顾、体现顾客利益、高度概括绝对（相对）差异卖点并促单。

(1)其实，您的犹豫也是很正常的。我们任何人在买东西时，都会有这么一个过程，尤其是不熟悉的产品。但是，正因为不熟悉，所以，我们要买的话就一定要买行业第一品牌的，这样才放心。而且，你要知道，这第一品牌一定不是吹出来的，是多少个消费者用消费经验和口碑验证出来的。您想想看，平均67秒就有一个中国家庭使用友邦的产品，这除了友邦还有谁能做得到？对不对？我们又是行业发明者，不断领导行业发展，全国有1 000家专卖店随时随地为您解决售后服务。您想想看，如果您少花点钱去买个便宜的其他品牌的吊顶或传统吊顶或浴霸，功能不好还不安全，随时可能会坏，您家人在炒菜时一不小心掉下一块板，那是什么感觉？……怎么样？要不我先帮您登记一下？

(2)新家装修，关键在于体现出主人的装修品位和风格，品位要高但价格不能太高，风格要独特但又不能太花哨，对吧？相信您也一定货比几家了。比品牌、比产品、比设计、比服务、比材质、比美感、比价格，我想您最后还要考虑一个因素，那就是综合感觉。当您新家装好之后，朋友或同事来新家参观时，您可以骄傲地说："我们家的吊顶是友邦的，行业第一品牌，非常棒！"顿时，您的朋友或同事会投来羡慕的眼神，而当您用的是一个过时的传统条扣加面包灯、浴霸这样的老式吊顶或朋友没有听说的小牌子的吊顶，估计您都不会带您的朋友去参观了，更不会骄傲地说出来……怎么样？还需要我做些什么呢？就定这个吧，明天我们就可以安排我们的首席设计师上门量尺寸和设计方案了。

案例：文峰，坐等客上门

　　文峰美容美发通过美发铺面美容寻点、美容板块带动美容产品板块的两位模式，实现了门店业务模式的互动，同时文峰的这种两位模式又同属于会员营销的一体模式，进而形成了文峰的两位一体模型。正是文峰经营模式的创新，产品和服务的相互配合，才创造了上海滩美容美发业的一个传奇神话。

　　文峰在短短十余年的时间，从上海的一家名不见经传的美容院，迅速扩展为在全国开设门店 400 余家，培训学校 2 家，整容医院 1 家和制药厂 1 家的集美容产品的研发、生产、销售、应用于一体的美容美发业的航母级企业。是什么力量促使了文峰的快速成长？是什么样的发展模式成就了文峰短时间的迅速崛起？又是什么样的管理体制让文峰加盟连锁的规模越来越大？在文峰的发展道路上又遇到过哪些挫折和困难？下面将通过专业的、系统的、深入的分析来探讨展现其背后的故事、企业及品牌发展的模式和策略。

　　文峰门店成功的运作得益于文峰在各个分店形成的两位一体的经营模式。

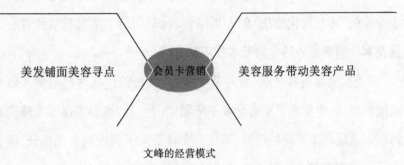

美发铺面美容寻点　　会员卡营销　　美容服务带动美容产品

文峰的经营模式

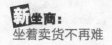

1. 美发铺面美容寻点

在美发客户人群迅速增长时,文峰开始调整了经营策略,把新增的做美发的客户转移到美容项目上来。通过顾客对美发的认可而将其注意力转移到美容或者保健项目上来的经营策略,被称为"美发铺面美容寻点"。

在确定了"美发铺面"之后,文峰开始深入考虑如何把美发面铺得更广,从而吸引更多客户。他们首要考虑的是如何将客户请进文峰的门店,或者让客人主动找到文峰的店面。这就要求文峰有很好的营销手段和营销策略,因此,文峰在门店的营销方面开始做了很多重要活动。不管是门店开业时所策划的门店开店计划营销,还是结合不同节日的促销活动,以及配合门店周边的社会公益活动,都是文峰招揽生意的主要手段。

为了配合"美发铺面美容寻点"计划的实施,文峰还把美发项目的价格做了充分调整,在确保原来服务质量不变的情况下,洗、剪、吹由原来的10元降到5元。降低了洗、剪、吹的价格之后,来文峰门店享受美发的客户自然也随着增加,同时,也吸引了更多的客户走进文峰的门店,这对文峰的口碑宣传起到了至关重要的作用。

在文峰门店的人气有了很大的提升的同时,也为"美发的铺面"做好了铺垫,但是如何实现从"面到点"的转化,这就要靠文峰一线服务员工抓住客户的心理,引导这些客户选择更多的消费项目。

为了实现文峰的美容寻点,文峰在实施该计划之前还对一线员工进行了专业的"客户转化方法"的专场培训,让基层员工掌握对消费者心理的把握及客户消费业务转化的基本技巧和方法。

"美发铺面美容寻点"策略的实施,让文峰的门店客户消费人数有了大幅度的增加,也实现了消费金额单笔额度的提升,进而实现了文峰高利润的回报。基层员工素质的提高,不仅为文峰带来了营业利润的提升,而且也树立了文峰在消费者心目中良好的服务形象。

2.美容服务带动美容产品

文峰在实施美发转移美容的"美发铺面美容寻点"计划后,文峰美容项目迅速发展。在文峰美容发展得如日中天的时候,文峰再次把眼光盯在了美容服务的产品上。在文峰长期的美容服务过程中,通过对消费者的调查和了解知道,消费者关注的只是做过美容的效果,而对于使用的美容产品则是不太敏感。

这使文峰更加坚定了进行文峰美容产品研制的决心。文峰在经过几年美容实践的摸索后,充分掌握了一些美容产品的特性。为了打通美容的上下链,文峰以现有美容服务为基础,开始着手研发文峰自己的美容产品。

好的产品离不开好的服务,如果没有好的服务,无异于战争中的单兵作战,没有后援支持,没有团队的配合,也是很难取得战争的胜利的。所以,服务是能够保证产品效果有效发挥的重要保障。

因此,文峰在自主研制产品的时候,便根据产品特点摸索出了自己的一套服务体系,结合产品的特点选择与之相适应的手法去做,这样可确保产品特性的发挥,从而达到产品本质的功效。文峰在注重产品服务的同时,更重视员工与客户接触的服务,对跟客户直接接触过程中的言谈举止都做了相应的明确要求。在长期的积累过程中,文峰总结出了一套完整的接待流程,这就确保了整个服务的完整性,也能保证员工按照流程为客户提供服务,而不会乱了方寸。

文峰通过与多家生产美容产品公司进行接触和学习,并结合当前市场上对美容产品的需求,终于研制出了文峰自己的产品。但是标贴这不知名的文峰品牌的美容产品将如何赢得消费者的认可呢?

最终,文峰根据在全国建立的庞大的门店资源,制订了在文峰门店内部使用文峰牌美容产品的"美容服务带动美容产品"的计划,并且根据文峰产品研发时所设计的美容产品使用的手法,对直接为客户提供服务的员工进

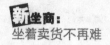

行了详细的培训,同时,培训还涉及了文峰产品的销售技巧的具体内容。

计划在实施的初期,自然得到了消费者的追问和质疑,虽然有部分消费者愿意尝试,但是参与者还是有限。经过一段时间的计划实施,在文峰一线员工的说服下,凭借文峰长期在消费者中形成的良好口碑,更重要的是消费者在尝试了文峰的美容产品后得到的良好美容效果,文峰美容产品项目开始逐渐被部分消费者所认可。

文峰美容产品在文峰美容服务的力推下,实现了"美容服务带动美容产品"的目的,收到了良好的客户口碑,同时也收到了良好的企业利润。

3. 会员卡营销

对于美容美发业来讲,哪个老板也不会知道今天店里要来多少客人,多半只能是根据一段时间对客户的观察,大致估计每天客户的流量,但很难把握每天具体的客流量,尤其是碰到特殊情况,比如刮风下雨,客户会明显减少,如果哪天店面的周围有什么活动,则可能使得店面顾客爆满,这也是美容美发老板最头疼的事情。如何能够保证店面的正常客流量,是每个老板不停思索的问题。

对于客流量的把握也是其他零售业一直在关注的问题,而零售业所采取的相对有效措施便是发放会员卡,而且也收到了较好的效果。因此,文峰在看到酒店、超市、购物中心等发放会员卡后,便开始考虑在自己的美容美发店内采用这种会员卡制度。但是酒店或者超市的会员卡有些是不需要预存费用的,有了这张卡只是在购物过程中享受优惠,但是对于美容美发业来讲,这种只是一个会员身份证明的卡片没有太大的意义。既然是不需要什么费用、也不需要预存资金的卡片,顾客可以办理不同美容美发店的会员卡。这样在竞争中的效果就不太明显。因此,文峰就别出心裁地采用了预付款的会员卡的营销计划。

文峰的会员卡办卡方式是这样的:顾客根据自己的需要,预存一部分资金在会员卡里,而且会员卡又分为不同的等级,需要预存的费用也不尽相同,文峰根据预存费用的多少来制定相应的优惠折扣,顾客凭借此卡在文峰的任何一家美容美发店享受文峰的美容、美发和购买美容产品等服务均能享受不同的刷卡优惠活动。这样文峰便掌控了客户的消费,不管外面环境如何变化,客户的钱已经赚到自己口袋里了,而且客户的预存费用又为公司提供了大量的现金流。

同时文峰根据客户的不同情况又将会员卡进行分类,目前主要分为:团购卡和个人购卡。团购卡主要是针对团体客户办卡的需要而设置的一类卡片,团购卡根据订卡的数量和金额进行细分,团购卡在总金额的基础上享受3.5折的办卡优惠。对于个人购卡,文峰主要是根据客户预存金额的不同划分为综合卡、银卡、金卡、白金卡、钻石卡和至尊卡六个级别,同时根据这六个不同级别的会员卡分别设置不同的优惠档次,从而形成一套完善的会员卡优惠制度。下表所列出的是对文峰会员卡级别的划分及各个级别所享受的不同的优惠服务。

文峰会员卡级别的划分及各个级别所享受的优惠服务

会员卡类别	会员级别	享受优惠服务	金额
团购卡(总金额3.5折)	原价卡	原价服务	不限
	对折卡	对折服务	不限
	3.8折卡	3.8折服务	不限
个人购卡	综合卡	3.8折服务	1 000元
	银卡	3.8折服务	2 000元
	金卡	3.8折服务	5 000元
	白金卡	3.8折服务/9折产品优惠	10 000元
	钻石卡	3.8折服务/8折产品优惠	20 000元
	至尊卡	3.8折服务/7折产品优惠	50 000元

在经过对会员制的精确划分及对各个门店的软件进行更新后,文峰的会员卡业务逐渐展开,而且将这项业务在所有店面工作的员工中间推广开

来。会员卡推销的数量跟每一位员工的工资挂钩,员工根据推销会员卡的
金额拿到提成,这样就大大调动了员工推销文峰会员卡的积极性。为了员
工更多地推销出文峰会员卡,文峰还组织了专门的会员卡推销的培训,传授
给员工一些店面推销的技巧,于是,一股推销会员卡的热潮在文峰的各个直
营加盟店展开。

文峰通过在全国门店的会员卡营销攻略,实现了会员人数超过 80 余万
人。从某种程度上说,这 80 万人成为了文峰的准客户,为文峰的发展规避了
因客户流失带来的风险,同时也为文峰提供了更多的现金用于文峰门店的
扩张和具体技术的提升。

文峰的会员卡营销将美发铺面美容寻点和美容服务带动美容产品的两
位模式进行贯穿,实现了良好的互动,进而形成了文峰的两位一体的门店运
营模式。

文峰的"两位一体模式"这把利剑,在全国美容美发店的竞争中战无不
胜,攻无不取,这也是文峰在全国的门店扩张中的核心竞争力。

第二章

新坐商:如何坐怀不乱?

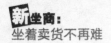

一、找到金牌门店

金牌门店的标准

金牌门店是在商圈、地段、楼层、位置、大小、装修、硬件、软件、人员等关键指标上均处于数一数二的地位的门店。

标杆金牌门店

方太集成厨房、三雄极光照明、安信地板和诺贝尔瓷砖等都是标杆金牌门店。

方太集成厨房金牌门店

三雄极光照明金牌门店

安信地板金牌门店

诺贝尔瓷砖金牌门店

下表所示为标杆金牌门店评分项目及标准。

标杆金牌门店评分项目及标准

序号	项目	评分单位	分数	评分	序号	项目	评分单位	分数	评分
1	区消费品零售额	10 亿元	10				85%	20	
2	所在区人口	100 万人	30		24	面积使用率	>85% 每 1% 加 2 分		
3	所在区人口密度	1 万人/平方千米	15				<85% 每 1% 减 3 分		
4	所在区人均收入	5 000 元	10				6 m	30	
以下为三千米范围内目标店环境比较					25	建筑高度	>6 m 每米加 5 分		41
5	三千米内人口	5 万人	50				<6 m 每米减 10 分		
6	三千米内人口密度	万人/平方千米	30		26	门前机动车流量	8 ~ 20 时双向 200 辆	5	
7	三千米内人均收入	5 000 元	30		27	门前自行车流量	8 ~ 20 时双向 400 辆	10	
8	商品房销售面积	万米	1						
9	商品房在建面积	万米	1		28	门前人流量	8 ~ 20 时双向 500 人	10	
10	商场数量	个	5				单层	50	
11	商场面积	万米	5				二层	40	
12	超市数量	个	2		29	卖场层数	三层	30	
13	超市面积	万米	3				四层	20	
14	商品市场数量	个	5				五层	10	
15	商品市场面积	万米	5				门前每 10 个	5	
16	小区数量	个	5		30	机动车停车位	楼后每 10 个	4	
17	小区面积	万米	5				地下每 10 个	3	
18	建材卖场数量（含市场）	个	5		31	自行车存放	每 10 个	2	
19	建材卖场面积（含市场）	万米	5		32	户外广告	广告牌每 10 平方米	3	
							灯箱每 10 平方米	2	
20	市政府机关数量	个	1				橱窗每 10 平方米	1	
21	独立办公企业数量	个	1				3 m	30	
22	写字楼企业数量	个	1		33	卖场层高	>3 m 每 10 cm 加 1 分		
以下为三千米目标店硬件设施比较							<3 m 每 10 cm 减 5 分		
23	门前马路	上下三车道	30				50 m 以内有站每条	5	
		上下二车道	20		34	门前公交线路	50 ~ 100 m 以内有站每条	3	
		上下一车道	10						
		单行线	0						

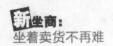

续表

序号	项目	评分单位	分数	评分	序号	项目	评分单位	分数	评分
35	电梯	自动扶梯双向每部	8		38	电力容量	100 kW	30	
		自动扶梯单向每部	5		39	产权性质	自建或购买	20	
		客梯 1 吨/部	3				租赁	10	
		货梯 1.5 吨/部	6		40	正门宽度	林建	5	
36	空调	中央空调	30		41	目标店沿街长度	10 m	5	
		分体柜机每 10 匹	3						
37	消防	烟感系统	5						
		喷淋系统	5						
		消防栓每个	2						
		灭火器每 10 个	1						
			合计					合计	

案例：安踏的金牌门店战略

草根出身的安踏凭借其强大的销售网点，全面的品牌推广策略及多样化的产品组合，一举从晋江 3 000 个鞋企中脱颖而出，并发展成为目前全球第五大的体育用品集团。

2010 年 8 月 16 日，安踏体育用品有限公司率先发布了上半年年报，该半年报显示，安踏上半年的营业额同比上升 22.6%，约 34.5 亿元，良好的业绩预示着今年安踏营业额有望突破 60 亿元大关。

安踏作为当年晋江 3 000 鞋企之一，缘何能发展成为中国乃至世界知名的体育品牌？

"终端网络是一个企业的生存之本。有稳定的海外订单可以过着衣食无忧的生活，但国内市场也是一个十分庞大的市场，而要在这个大市场里找到属于自己的位置,就必须拥有属于自己的网络。"即便是在当年,安踏老总丁世忠就充分认识了终端网络的重要性,安踏如今的成功与其"金牌门店战略"密不可分。

1.数量+质量——金牌门店的基础

上半年报指出,过去的6个月,安踏品牌门店数净增加461家,达到7 052家,成为目前国内仅有的两家"7字头"店铺数的体育用品品牌之一。总销售面积达776 000平方米,平均销售面积由107平方米增至110平方米。目前,具体店铺分布如下图所示。

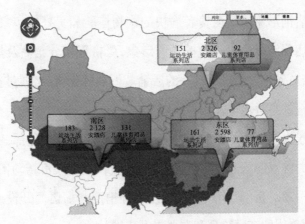

安踏店铺分布图

良好的势头,让安踏对2011年门店计划数量做了上调,预计2011年年底安踏品牌门店数计划增至7 400家,生活时尚店增至600家,儿童店增至350家,FILA专卖店增至200家。

回顾安踏过去20年的发展史,安踏不仅在门店的数量上不断进取,其门店的质量也逐步提高。

1991—1999年的8年时间里,安踏用"遍地开花"式的代理制模式完成了最初的"跑马圈地"。随后,安踏品牌开始为人熟知,从2000年年底到2003年年底,安踏步入了"网络精耕"的销售体系革新时代,一边推行硬终端升级,一边推出"订货证"制度,提升渠道质量。从2003年年底到2005年年底,愈加强势的安踏采取"渠道回购"行动,进入了自建网络体系的专卖店直营时代。2006年起,安踏为提升品牌形象,开始在全国范围内构建品牌旗舰店。如今,安踏已经完成了"一个大城市有一个安踏旗舰店"的建设,其中对开设于中国核心市场及人口稠密城市的12家旗舰店,更是通过设立"COC特许产品"及"篮球圣殿"等专区让顾客能亲身体验安踏的产品。这些"安踏店"全部采用第五代货架,整个店面装修精致而有品位,与周边同类品牌的专卖店相比,优势明显。

良好的店铺形象能给消费者愉快的购物体验和美好的印象,安踏为确保每间专卖店都能传递出一致的品牌形象,严格审核分销商及加盟商提交的开店计划,对各专卖店进行统一的店铺装修及陈列指导,通过神秘顾客等手段监察店铺的存货水平及销售表现。

安踏通过设置三个片区管理中心及下设的七个营运分部,使安踏与经销商保持及时的双向沟通。安踏提供资料分析、指引及市场动向资料,增加分销商和加盟商对市场走势的了解,鼓励分销商和加盟商开设或改造第五代安踏店,用鲜明的产品陈列和布置提升店铺效益。

良好的终端管理使安踏在单店数量优势的基础上又有了质量优势,目前,强大的终端网络保证了安踏在前进的道路上每一步都能"脚踏实地"。

2. 代言 + 赞助——使门店金光熠熠

安踏是国内体育品牌中较早尝到"代言人"甜头的。1999年,安踏聘请孔令辉作为代言人并在电视上投放广告,让安踏一夜之间走入了千家万户。目前安踏主要以聘请代言人和赞助体育赛事两条线来展示自身品牌的素质,并拉近与消费者之间的距离。

安踏通过与中国奥委会的合作及赞助中国体育代表团,逐步建立起"安踏代表中国"的形象。

中国冬奥队在年初举行的冬奥会上取得的佳绩，让安踏进一步深入国人心中。

目前，安踏主要从电视广告、网络推广和终端市场的互动活动三个方面来进行推进。

"这一刻，为中国"等富有创意的广告不断在电视上播出，安踏利用广告攻势来打动国人的心。伴随着安踏形象代言人在国际赛场上争金夺银，每一位走进安踏门店的顾客都有"为中国"而消费的冲动。

安踏广告画面

随着互联网的盛行，安踏亦借助网络行销。2010 年 4 月，安踏在淘宝上开设了自己的商铺，弥补了专卖店有营业时间限制的缺点，进一步方便了消费者的购买。

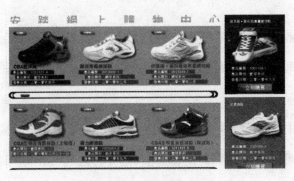

安踏网上购物页面

45

而在传统的终端零售店面,安踏则加强与消费者的互动,包括让球迷亲身参与 CBA 训练营及赞助长跑活动等。同时还邀请自己的代言人与球迷举行见面会,如促成 NBA 球星斯科拉和加内特的中国行。通过电视、网络、终端零售三个渠道,安踏一方面拉近了与消费者的距离,另一方面也提升了其门店的形象。

3. 品牌 + 产品——金牌门店的保证

有了销售网点,有了消费者,安踏还需要有好的产品才能体现其金牌门店的形象,为此,安踏致力于加强自身品牌和产品的多样化建设。

2009 年,安踏在收购 FILA 之后,根据国内消费者的喜好及特点,对该品牌进行了重新定位,开发了一系列的新产品。同时对 FILA 的 50 多家专卖店进行了重新装修,使其焕然一新,吸引中国年轻精英们的注意。

安踏店铺实景

FILA 的收购使得安踏填补了其在高端市场上的空缺,加上安踏自身现有的三大品牌系列,安踏目前已经涵盖了中高端市场,能够满足不同消费者的需求。

目前,国内的消费者可谓越来越挑剔,他们对体育用品的要求不仅仅停留在实用上,更追求舒适和时尚,为此安踏专门通过与国际知名机构合作,不断开发新产品来满足消费者的需求。2010 年上半年,安踏就推出了 1 700

多款新鞋,2 000多款服装及1 000多款配饰。这些产品配合安踏分销网络的拓展,为安踏带来了丰厚的营业额。

过去几年,随着安踏品牌的形象和美誉度的提高,安踏产品尽管不断提高售价但依旧受到消费者的青睐。一方面是中国消费者可支配的收入有所增加,另一方也说明安踏针对大众的定位及定价深得人心。安踏的目标消费者是年轻大众,他们有消费的冲动,但也有经济的负担。耐克、阿迪达斯这些高端品牌对于他们显得有些"奢侈",而安踏"大众、中端价"的定位正好符合了这些人的口味,同时安踏不断提升的产品质量及形象都让这些年轻大众觉得物有所值,因此安踏产品的出售量仍保持逐年递增的良好势头,如下图所示。

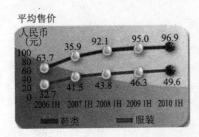 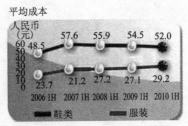

安踏产品的售价与成本走势图

另一方面,安踏通过提升产能等手段,其鞋类的成本不仅没有增加还有所下降。而服装尽管因与知名机构合作成本有所增加,但还是可控的。对比2009年上半年,安踏产品的毛利率都有了增加。

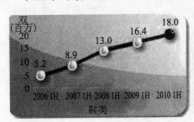 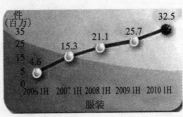

2006—2010年安踏产品销量走势图

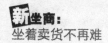

产品和品牌的多样性加上单件产品利润的不断提升,很好地保证了安踏能够在市场竞争中不断"keep moving",也使得其金牌门店战略有了良好的实施保证。

二、设置金子门槛

🏢 金子门槛在哪儿？

他，历史悠久，7 000 年历史，2 500 年建城史；

他，名人荟萃，蔡元培、鲁迅、周恩来称之为故乡；

他，水乡、桥乡、酒乡、书法之乡、名士之地、师爷之城。

首批中国历史文化名城，

首批中国优秀旅游城市。

今天，

他，成为中国集成吊顶第一店，

这就是绍兴。

想到就要做到，

要做就做最好，

做到才能得到，

这就是中国集成吊顶第一店——绍兴友邦博物馆店，

这就是绍兴友邦的大当家赵向宇、大掌柜董生以及一群绍兴友邦人的结晶。

这是集成吊顶第一品牌友邦集成吊顶，在 2009 年全国经销商年会上，对友邦体系内最佳大店形象奖——绍兴博物馆店颁奖时的颁奖词。

绍兴友邦总经理赵向宇于 2006 年 10 月份开始经营友邦集成吊顶。

当时在绍兴有正大、富邦、东街建材一条街三大建材集散地，而其中正大建材城在当地是规模最大、交通最便利、服务最好、知名度最高的建材卖场。为了高起点运作，经过赵向宇和正大的多次商谈，市场方经过慎重考虑，将五金区划分出120平方米的面积租给赵向宇。功夫不负有心人，就这样，友邦集成吊顶在赵向宇的努力下进入了当地生意最好的建材城，一举打响友邦在绍兴的第一枪。

由于友邦在市场内的出色经营，加上集成吊顶行业的不断壮大和成熟，正大决定拿出5 000平方米成立集成吊顶区。赵向宇跟市场办公室商谈拿到了在市场中间位置的430平方米面积。在友邦总部市场部的精心设计下，经过两个月的装修，这个430平方米的友邦大店终于在2008年10月1日盛大开业。

友邦绍兴店的正门一侧

友邦绍兴店的洽谈区

友邦绍兴店的材料展示区

友邦绍兴店的产品展示区

友邦的开业给正大装饰城的集成吊顶招商起到了很大的促进作用，同时也让友邦成为正大甚至绍兴的旗舰店，其他大大小小的吊顶专卖店围绕在友邦的周围。店内装修严格执行公司友邦2008版SI建设。店内设有独立的接待区、团购洽谈区、设计区。产品展示多数以实景体验为主，形象生动地把友邦的产品档次体现出来。目前，销售情况已遥遥领先其他对手，销售量是第二、第三、第四名的总和。

这就是大店的魅力，更是金牌门店的金子门槛。

如金子一样，好的地段就是稀缺资源，最好的地段更是最稀缺的资源，也是市场竞争最大的门槛。

贵是最大的差异化和门槛

对于门店经销商来说，最贵的店面是最好的投资。贵的店面虽然一次性投入较大，但总体来说，却是划算的。好的地段好的店面永远是稀缺资源，只有涨没有跌；而且先投入先获利，先收获先成长，进而形成成长的良性循环。反之，便宜的店面只是沉没的成本和看不到希望的未来。

以友邦集成吊顶为例，一个全新的行业，一个颠覆性的产品，一个后字辈的品牌的友邦，却在最大的传统浴霸产品的奥普大本营，上演了一场最有意思的颠覆秀，一举在杭州建成最有影响力的建材市场——新时代建材市场，彻底改写了行业的格局，凭的又是什么呢？

那就是友邦的大店战略，以及大店战略后的贵门槛和差异化。

1. 友邦新时代店的五次全面装修

第一次：2005 年 8 月新店开业，友邦在杭州的第一家品牌形象店面积为 120 平方米。

第二次：2006 年 2 月新店重装，提升品牌高度。面积达 180 平方米。

第三次：2007 年 4 月新品大量上市，店面扩至原来的两倍，面积达 240 平方米。

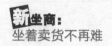

第四次:2008 年 3 月总部品牌形象店新标准出台,重装提升品牌形象,面积 240 平方米。

第五次:2009 年 4 月换位装修,新时代市场调整无法保留原有位置和原来的大小,面积达 300 平方米。

2. 新时代店初建、扩大的过程和相关事件

2005 年 6 ~ 8 月,正值杭城知名装饰广场新时代北移(从文三路搬至古墩路),时总和汪总亲自到该市场找店面。当时连日大雨,且市场里的公共场地未能完工,两人穿着雨鞋,打着伞,四处奔走,托关系,最后勉强要了两间位置较差的门面,随后便忙着装修,策划开业活动。就这样,两个月后,友邦在杭州的第一家品牌形象店总算开业了。之后由于位置较差,每天都安排工作人员在市场的几个主通道上派发资料并主动引导客户到店里。每逢市场活动,只要市场里有广场上设立的展位等资源可利用,他们从不放过,这种做法一直沿用至今。2006 年 2 月,由于新装修的店面形象欠佳,在重新设计后进行了一次全面装修。在 2006 年的一整年里,新品不断上市,展示位置受限,只能以十几万元的高价租了隔壁的一间玻璃店,到 2007 年 4 月又进行了一次全面装修。在此期间,为了在市场里提升友邦品牌与客户的见面率及方便客户选购,以设计兼工作室的名义在 D 座瓷砖区又租了一间靠近主通道且又离吊顶区较近的店面作为广告及引导用,但在几个月内就遭到瓷砖区商户的联名强烈抗议,最后不得不退出。之后又以十几万元的高价租了旁边的一间吊顶店,至此,友邦在新时代的店面扩至原先的两倍,并进行了装修,二楼还装修成了客服中心和销售人员的办公室,更方便和客户沟通及部门间的工作联络。直至 2008 年 3 月,总部对于品牌形象店的标准又有所提升,提出了一些全新的概念,新时代店又进行了为期一个月的全新打造。在这三年中,小范围更换调整、店面修饰司空见惯。2009 年年初,新时代市场为了打造一个五星级的家居生活广场，进行了全面的形象提升，且对展馆进行了调整，友邦无法保留原有位置及大小，又四处托关系，换到了G座主通道的一个稍大的位置，又进行了一次全面装修。

3.关于新时代店的几点经营心得

(1)终端硬件设施配置要点：店面面积要比同行大，装修档次取决于品牌定位高度及品牌内涵。店内体验间就要有真实体验的效果，厨房卫生间的几大件少不得。产品出样要时常更新，要以实际效果征服客户。店内设施，如吧台、设计桌、沙发、茶几、计算机、打印机要跟得上潮流。细节要注重人性化，绿色植物不可缺，茶、水、糖果、点心常备，装修类杂志、产品宣传册、主流报刊等合理陈列。

(2)店内工作人员的配置要点：工作人员的男女比例及年龄要合理调配。服装、工号牌、个人卫生逐一规范，关于整体形象的任何细节处理要恰到好处。接待、导购、设计、预算决算、收银、现金台账等分工协作，员工各展所长，各司其职。

奥普在新时代市场的四块导引和宣传广告牌

奥普的专卖店正门

友邦在新时代市场的三块导引广告牌

友邦在新时代市场停车场必经之门
的最大户外广告宣传牌

友邦在新时代的金牌门店正门

友邦在新时代门店的店内外形象

(3)店面所在市场内的广告宣传：市场范围内，大到户外大幅品牌广告，中到位置指示牌、店内活动海报，小到产品标志、吊价牌，都要统一规范，处处体现品牌气质，既要让客户感受到品牌的强势，也要在达到"它们"本身作用的同时赏心悦目。

(4)店面内外日常工作开展要点：合理制定对内对外的工作流程，对各环节的工作要点进行明确规定，执行的过程中出现的新问题要及时给出解决方案并统一学习。每周末市场几个主通道上都安排工作人员派发资料及引导，店内也保持内部人气，保证在市场人流量较大时，能充分体现品牌的强势和活力。每日开晨会，总结前一天的工作成果及发生的大小事件，相互交流学习导购、设计等经验心得。每月的月例会总结当月销售业绩和各项工作，制订下月销售任务及工作重点计划等。

案例：慕思的集成式体验馆

睡眠已成为困扰现代人的一个重要问题，有研究表明，在生活节奏日益加快的今天，我国42.7%的人有睡眠障碍，高于世界平均水平。在影响睡眠的诸多因素中，寝具是其中最主要的因素。为此，各大寝具制造企业不断推陈出新，一时之间寝具市场热闹非凡，各式各样的寝具充斥各大卖场，不大的空间里横七竖八陈列着成百上千张的寝具，企业如何能在这样的市场中迅速抓住消费者的眼球呢？慕思给了我们很好的答案——集成式体验馆。

2004年，慕思成立于广东东莞，作为普普通通的家私企业，慕思紧紧抓住"健康睡眠"的核心卖点，不断引进国外最新技术开发新产品，短短6年的时间里，慕思依靠着"集成"加"体验"的方式，迅速把自己打造成为国内领先的寝具品牌，其销售额在经济危机最恶劣时逆势上扬，顺利实现利润目标。

慕思的集成优势，首先体现在品牌划分上，慕思将旗下产品分成四大品

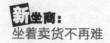

牌:慕思·歌蒂娅、慕思·凯奇、慕思·3D和慕思·0769。其中慕思·歌蒂娅以欧式风格为主;慕思·凯奇主打简约风格;慕思·3D则以美式风格为主,主营以3D材质为主的系列健康睡眠系统;而慕思·0769作为其高端品牌,专门针对高端人群进行指向性设计,主营皮床系列,其材质均采用意大利进口的头层青牛皮。慕思的品牌策略既提升了自身的形象,四大品牌又很好地涵盖了整个市场,满足了不同消费者的需求,下表是对慕思系列产品的介绍。

慕思系列产品介绍

品牌名称	主营系列	风格	定位
慕思·歌蒂娅	布艺寝具	简欧风格	中端
慕思·凯奇	布艺寝具系列	简约风格	中端
慕思·0769	皮床系列,其材质均采用意大利进口的头层青牛皮	欧式风格	高端
慕思·3D	以3D材质为主的系列健康睡眠系统	美式风格	中高端

　　其次,在门店布局上,慕思四大品牌既集成又独立。消费者往往能在家居卖场的同一层面看到慕思的四大品牌,这使得慕思相较于其他品牌有了更多被消费者注意的几率,同时四大品牌又分开设店,其中慕思·歌蒂娅、慕思·凯奇和慕思·3D基本挨着开店,一方面可产生品牌聚集的效能;另一方面使得消费者可以根据自己的喜好选择相应产品。而慕思·0769作为慕思旗下的高端品牌则单独设店,在空间上拉开与其他品牌的档次。寝具品牌在卖场内往往差异化较小,消费者一眼望去,都是四四方方的床架和床垫,而慕思在门店上的"良苦用心"使得其终端销售胜于竞争者一筹。

　　除了门店布局,慕思在店内陈列上也"别有用心",店内除了寝具的展示外,还有品牌形象"烟斗老人"的雕像、排骨架,更有《企业家睡眠小贴士》等书、杂志和CD,这些"饰品"更加完整地诠释了慕思作为"健康睡眠专家"的形象。

在全国各地慕思拥有600多家这样　　　　慕思3D体验馆更像是一个个的
的上千平方米的3D体验馆　　　　　　　睡眠文化博物馆

目前，慕思已在全国有600多家门店，销售网点覆盖全国大部分地区。为保证在终端推广上的质量，慕思每年不惜重金为全国经销商举办四次大型的培训活动。从经销商老板、经理到员工，慕思为他们设计了不同的培训课程，培训讲师来自各大著名咨询机构。同时慕思也非常重视对自身员工的培养，每一位初进慕思的员工都要先进行相关知识的培训，培训至少一到两个星期，直到业务水准达到慕思的标准之后方可上岗。

这些培训使得进入慕思的顾客得到了周到的服务，导购员除了介绍产品信息及让顾客充分试躺体验外，还会亲切递上水，店铺内还有专门的座椅供顾客和导购员沟通，以详细了解产品信息。慕思终端服务质量为其赢得了很好的口碑，据统计，目前慕思产品销售中有三成左右是由老顾客推荐成交。

慕思在加强终端集成的优势上，从2009年起又大打"体验"牌。

2009年，慕思在国内首创"健康睡眠体验馆"，2 000平方米的体验馆内除了13间装修豪华的样板间外，还有两间"健康睡眠测试房"，前来的体验者躺在特质的床垫上，一分钟之内，慕思专业的测试仪器即可以测出最适合该体验者的床垫软硬度及枕头高度等相应指标。通过这套科学仪器的测算，慕思可以为每一位体验者量身定制最健康的睡眠产品。目前，慕思因针对个人进行个性化定制床具而成为行业的典范。

与"健康睡眠体验馆"相配合的是，慕思随后举办了"2009全国健康睡眠万里行活动"。慕思以健康睡眠的使者身份,走遍了全国 31 个城市,1 320 个社区,行程 3 万千米,向 10 万企业家赠送了健康睡眠的书籍,慕思希望通过自身的实践改变国人的睡眠观念。如今,慕思又推出"畅享欧洲睡眠文化之旅"等活动,让消费者有机会去睡眠质量最高的欧洲亲身体验。

"试躺"已成为目前各大寝具企业在终端销售上的一种惯用方式,但寝具同质化的趋势往往使消费者感受不到其中的差别,而慕思建体验馆、办体验的活动使得其在终端决胜中又有了自己的优势,而"集成 + 体验馆"的模式使慕思在短短几年时间内从竞争激烈的寝具市场中脱颖而出。

三、软硬皆要施

 软实力之专业化推荐

良好的专业知识能帮助导购员说服消费者，使消费者产生信赖感，促进销售。导购员的专业知识包括行业、企业、产品的知识，竞争对手及商品知识，产品的价格、种类、性能、使用方法，相关法律常识等。这些专业知识其实可以很容易地从相关培训资料中获得，但关键在如何熟练应用。此外，推销过程中的语言技巧、报价技巧，在销售达成后如何接送顾客等，也常常能体现出导购员的专业素质。

1.导购员在推销中必须牢记并贯穿到整个过程中的几点知识

（1）了解顾客的兴趣取向、背景、环境等信息，以确定顾客较全面的需求。

（2）大多时候顾客对自己的需求并不明确，导购员需要运用所拥有的知识和推销技巧，帮助顾客定义、明确其需求。

（3）请时刻自问：我是否了解顾客的需要？我是否在满足顾客的需求？

（4）不要承诺自己做不到的事。

（5）推荐产品技巧的应用应基于以下几方面。

① 顾客的期望与预算。

② 顾客的档次与类型。

③ 公司的有关销售政策。

（6）导购员提供建议应遵循以下原则。

① 简洁。

② 清晰。

③ 有序选择。

④ 循序渐进。

⑤ 目光交流。

2.语言技巧

在导购过程中，语言应该算是最好的"润滑剂"了。言为心声，导购员即使巧舌如簧，到底只是一种装饰，更重要的是每句话都要发自导购员的内心，设身处地地为顾客着想。

（1）称呼。在服务过程中，如果分寸把握不好，往往会引起顾客不快。较简单的办法是直接称呼"先生""小姐"，或者简称"您"。需要注意的是，不宜用"叔叔""阿姨"这一类的称呼，在不清楚男女关系时，不能用"夫人"一词。另外，许多人对年龄比较敏感，不能用"您年龄大了""您上年纪了"之类的词。

（2）用祈使句。服务时尽量用祈使句，避免使用命令句式。仔细体验一下，"对不起，请您再等五分钟"与"再等五分钟"这两句话的差别，就不难明白其中的原因。作为顾客，听到前一句话一般都会合作；而听到后一句话，脾气大的恐怕要拍案而起。有教养的顾客即使不说什么，下一次也大多会过门不入。

（3）用肯定句。服务时要多用肯定句，尽量避免使用否定句和模棱两可的语言。因为否定句和模棱两可的语言对顾客的感觉是不好的。当然，这并不是说一定不能使用否定句，当顾客对某些问题提出疑问时，用否定句可以消除顾客的担心。

（4）要说"值得买"，不要说"便宜"。"便宜"一词经常在店头出现，其实效果并不好。原因主要有两点：其一，大多数人头脑中已经固化了"便宜没好货"的概念；其二，有的顾客会产生误解，认为导购员把自己看成专买便宜货的人，从而伤害了顾客的自尊心。

如果向顾客推荐产品时，说"值得买"，效果要好很多。

（5）不可过于亲昵。对顾客不可过于亲昵，要保持一定距离，特别是一些老顾客，更应如此。原因主要有三点：第一，导购员与顾客之间是服务者与被服务者的关系，两者身份不同，过于亲昵，就淡化了礼仪；第二，顾客来到销售点，是为了消费而不是叙旧；第三，与老顾客亲热交谈，其他顾客见到后会以为导购员厚此薄彼。

（6）投其所好。导购员在与顾客交流时，切忌以自我为中心，要把更多机会和话题让给顾客。在顾客讲话的过程中，导购员要察言观色，善于投其所好，多讲对方感兴趣的话题，如衣食住行、工作、娱乐、新闻等。

需要注意的是，尽量避免谈及政治、意识形态、宗教、传闻等，避免因为观点不同导致不欢而散。

（7）说话要留有余地。导购员在介绍产品时，不要把某一产品夸得完美无缺，也不要为了把产品卖掉而夸出根本不存在的优点，更不要为了卖掉一样产品而贬低其他产品。

有时，消费者即使很看好 A 产品，但他们可能首先会在 B 产品上投入过多的咨询。待到时机成熟时，他们会突然将话题转到 A 产品上，如果您事先将 B 产品说得比任何产品都好，这时您的话将无法收回。

（8）要问"哪一种"，不要问"什么样的"。如果导购员问顾客"您想要什么样的"？顾客通常会说"不知道该买什么样的"，这是顾客茫然的表现，很容易转变成为"以后再说"的心态。这时，导购员应该问顾客"您喜欢哪一种""是这一种还是那一种"等，这样的问题会产生一些诱导效果，当导购员帮助顾客转到对"哪一种好"的比较上来时，生意就成功了一半。

（9）避免谈论竞争对手。如果谈论竞争对手，就会使顾客对竞争对手的情况及其产品有更多的了解，从而把注意力及兴趣转移到竞争对手的产品上，所以绝对不要谈论。倘若顾客谈及，可装作没听见，或尽量不谈、少谈，语气上要显得轻描淡写，一笔带过，或者说："他们的情况我不了解，也不清楚他们的产品如何。"假如不可避免地要谈及对手的情况，则以公正、客观的态度来评价对方的产品，不说坏话。

在现代推销过程中，靠贬低对方来抬高自己的产品的做法是极不高明的，甚至被认为是最愚蠢的做法。

3. 如何报价

只有当顾客问到价格时，导购员才宜谈产品价格，"先价值，后价格"是处理价格问题的基本原则。

先谈价值、质量，对产品的好处做了充分说明，在顾客产生浓厚兴趣和欲望后，再谈价格。如果顾客较早提出价格问题，导购员不要急于回答，等产品要点阐述完后，再来回答价格问题。如果顾客坚持要求立即回答价格问题，您也就不要再拖延，切不可避而不答。

4. 服务到最后一秒

顾客决定购买后，总是希望付款过程简单快速，货物包装完好美观。这时，导购员应主动引导顾客顺利付款，避免顾客因寻找收银台而产生不满情绪。

① 告诉顾客货物的价格和总付款额。

② 开具销售发票，指引顾客到收银台付款。

③ 利用顾客付款的间歇准备好产品和赠品。

④ 对顾客发票进行确认。

⑤ 展示产品给顾客核对。

⑥ 包装产品。

⑦ 帮顾客填好维修卡，并告诉顾客注意保管。

达成交易后，导购员应该继续以热情的态度为顾客服务，切不可以为买卖已经结束，导致顾客在最后一刻产生不满情绪，从而使前面的努力付之东流。

① 重申公司实力,强调售后服务有保障。

② 产品使用方法再辅导。

③ 评估顾客的满意程度,解决顾客的抱怨或不平。

④ 传达公司的最新信息。

⑤ 协助商场免费为顾客送货。

附:百氏康蛇胆同类产品基本情况对比推荐一览表

品名	规格	服用剂量	价格/元	成分	功效	缺点
京都念慈庵蜜炼枇杷膏	75/150/300 mL	每次 1 汤匙,15 mL,每日 3 次	15/20/30	苦杏仁、甘草、川贝、枇杷叶、沙参、茯苓、橘红、桔梗、北五味子等	治久咳、除顽疾、治伤风、补口气、调和脏腑	不能用于感冒初期;只适合肺燥咳嗽干咳,过敏体质慎用,支气管扩张、肺心病、肺结核、糖尿病患者慎用
灵森堡大药厂珮夫人止咳露	60/120 mL	成人 3 次/天,15 mL/次,6～12 岁 11 mL/次	27.00 (9 元/天)	磷酸可待因、麻黄素、愈创木酚甘油醚、扑尔敏	伤风、流行性感冒及类似的上呼吸道感染所引起的咳嗽、干咳、痰多、喉咙痕痒、敏感性咳	① 西药成分治标不治本; ②扑尔敏有嗜睡作用; ③剂量过量或敏感者会引起恶心、呕吐、心慌、血压上升等副作用,服用过量或发生严重不良反应立即就医
太极集团急支糖浆	100 mL	一次 20～30 mL,一日 3～4 次	6	鱼腥草、金荞麦、四季青等	清热化痰、宣肺止咳,用于治疗急性支气管炎、感冒后咳嗽、慢性支气管炎发作等呼吸系统疾病	① 清热化痰,只适合风热感冒,不适合寒咳; ② 糖浆吸收不如口服液吸收快; ③ 是地方批号,不是国药准字产品
深圳联邦止咳露	120 mL	成人每日 3 次,每次 10～15 mL、儿童用量酌减	16.00 (4 元/天)	每5 mL本品含磷酸可待因5 mg,盐酸麻黄碱4 mg,氯化铵110 mg,扑尔敏1 mg	用于无痰干咳以及剧烈频繁的咳嗽	① 不针对感冒咳嗽和痰多者; ② 止咳不化痰,非支气管炎患者不能用; ③ 内含扑尔敏,服用后嗜睡

续表

品名	规格	服用剂量	价格/元	成分	功效	缺点
霸灵羧甲司坦口服溶液	10：200 mg	每日三次,每次1~3岁小儿服半支,4~7岁服一支,8~14岁服一支15岁以上服两支		防腐剂(尼泊金乙酯)留兰香精	治疗慢性支气管炎气管哮喘等疾病引起的咳嗽/咯痰尤其是痰液黏稠咳出困难者	① 只适用于慢性支气管炎、支气管哮喘,不适用于感冒咳嗽和急性支气管炎等; ② 仅对咯痰症状有效,止咳无效; ③ 西药有副作用,可见恶心,胃部不适,腹泻,轻度头痛以及皮疹等,孕妇和胃病慎用; ④ 有防腐剂
富露施	3 g × 0.2 g	成人:1次/包,3次/日。小儿:一次半包,2~4次/日。		乙酰半胱氨酸0.2 g,辅料为橙汁颗粒、橙味香精、E—110(日落黄)蔗糖等	适于慢性支气管炎等咳嗽、有黏痰而不易咳出的患者	① 对呼吸道黏膜有刺激作用,故有时引起呛咳或支气管痉挛 ② 水溶液中有硫化氢化氢的臭味,部分发病人可引起恶心、呕吐、流涕、胃炎等; ③ 偶可引起咯血; ④ 只适合慢性支气管炎
小儿百部止咳糖浆	10 mL/支	口服,2岁以上一次10 mL;2岁以下一次5 mL,一日3次		百部(蜜炙)、黄芩、桑白皮、知母、麦冬、桔梗、苦杏仁、天南星、枳壳、陈皮、甘草	清肺,止咳,化痰;适用于小儿肺热咳嗽、百日咳、痰多、黄稠	① 只化痰,不能止咳; ② 有恶心、胃部不适、腹泻、头痛等不良反应; ③ 只适合风热咳嗽,不能用于感冒咳嗽、支气管炎
广东橘红痰咳煎膏	100 mL	每日3次、每次10~20g	8.50(3元/天)	化橘红、百部(蜜炙)、茯苓、半夏、白前、甘草、苦杏仁、五味子	理气祛痰、润肺止咳。用于感冒、支气管炎、咽喉炎引起的痰多咳嗽、气喘等症	① 适用于风寒咳嗽,不适合热咳; ② 止咳效果不佳; ③ 不能用于感冒初起
广州潘高寿川贝枇杷露	60/120 mL	一次10~20 mL,一日3次	6.00(1.2元/天)	平贝母、枇杷叶、水半夏、桔梗、薄荷脑	镇咳祛痰,用于感冒及支气管引起的咳嗽	用于风热咳嗽,外感风寒咳嗽者忌用,只化痰不止痰

64

续表

品名	规格	服用剂量	价格/元	成分	功效	缺点
广州潘高寿蛇胆川贝液	10 mL×6	每日2～3次、每次10 mL	11.70、(8.5元/天)	蛇胆汁、平贝母	祛风止咳、除痰散结，用于风热咳嗽、痰多气喘、胸闷、咳痰不爽或久咳不止	止咳，但不化痰，只用于风热咳嗽
贵州神奇制药神奇止咳露	120 mL	一次15 mL、每日3次	12.00(4元/天)	枇杷叶、罂粟壳、百部等	止咳祛痰，用于伤风咳嗽、支气管炎	① 专注于止咳，重点久咳；不太适合秋天燥热；② 含罂粟壳(含吗啡、可代因)，易形成刺激性和依赖型，易上瘾
深圳市中药海底椰露止咳合剂药健	180 mL	20 mL/次、3次/日，小儿减半	23.00(7元/天)	椰子浆，鱼腥草、浙贝母、苦杏仁等多味中成药注成	疏风宣肺、止咳祛痰、清热利肺。用于上呼吸道感染和支气管炎辅助治疗	不适合风寒咳嗽
加拿大香港欧化药业欧化小儿止咳露	75 mL	每天3～4次，30个月一次2.5 mL，30个月~6岁每次5 mL，6岁以上每次10 mL	17.50(4元/天)	西药	咳嗽、痰多咳嗽、百日咳、伤风咳、流鼻水兼肺部过敏咳嗽、打喷嚏、鼻敏感引致的咳嗽，感冒咳，干咳、气管敏感、急慢性支气管炎引致的咳嗽	西药成分有副作用
江西南城制药蛇胆陈皮液	10 mL×10	一次10 mL、每日2～3次	26.00(5.2元/天)	蛇胆汁、陈皮等	止咳化痰。对风寒感冒、发热、咳嗽、痰多及急慢性气管炎、支气管炎所引起的咳嗽、痰多、气促有显著疗效	非国家药准字，未通过GMP认证
乐天咽炎片	0.25×12片×2板×3盒	5片/次，3次/日		玄参、百部(制)天冬、牡丹皮、板蓝根、青果、蝉蜕、麦冬、木蝴蝶、荷油、地黄、款冬花(制)	养阴润肺、清热解毒、清利咽喉、镇咳止痒，用于慢性咽炎引起的咽干、咽痒、刺激性咳嗽	① 价位高，每盒80～110多元，只服用6天，普通中药组方，只能起缓解作用，三盒一个疗程，不划算；② 普通中药配方，价位高，只起缓解作用

续表

品名	规格	服用剂量	价格/元	成分	功效	缺点
乾坤咽炎片	0.25 g×15 片×2 板×3 盒	5 片/次,3 次/日		玄参、百部(制)天冬、牡丹皮、板蓝根、青果、蝉蜕、麦冬、木蝴蝶、薄荷油、地黄、款冬花(制)	养阴润肺、清热解毒、清利咽喉、镇咳止痒,用于慢性咽炎引起的咽干、咽痒、刺激性咳嗽	① 价位高,每盒80～110 多元,只服用 6 天,普通中药组方,只能起缓解作用,3 盒一个疗程,不划算;② 普通中药配方,价位高,只起缓解作用
黑龙江灵峰药业可立停	120 mL	成人每日 3 次,每次5～10 mL,一岁以下一日 3 次、一次 0.5～2 mL,1～3 岁 2～3 mL,4～6 岁 3.5～4.5 mL,7～9 岁 5～6 mL	13.5	每毫升含氢溴酸右美沙芬 1.5g,愈创木酚油醚 5mg,盐酸甲醛麻黄碱 1mg,马来酸氯苯耶敏 0.1mg	镇咳祛痰药。用于过敏性咳嗽,因感冒引起的支气管炎及支气管充血性咳嗽、气喘等各种呼吸道症状	西药成分,有副作用
广州星群药业复方甘草剂	100 mL	一次 5～10 mL,一日3～4 次	5.00(1 元/天)	阿片酊、甘草流浸膏、八角茴香油、樟脑、酒石酸涕钾等	镇咳祛痰药。适用于咳嗽多痰、咳嗽不爽、咽喉炎、支气管炎、支气管哮喘	有西药成分,不适合儿童
三九企业集团强力枇杷膏	120 mL	一次 15 mL、每日3 次	15.00(4 元/天)	枇杷叶、百训、桑白皮、白前、桔梗等	养阴敛肺、镇咳祛痰;用于久咳牢嗽、支气管炎	止咳不化痰
广西灵峰蛇胆川贝液	10 mL×6	一次 10 mL,一日2 次	5.60(1.9 元/天)	三蛇胆汁、平贝母	治咳。对治疗老年人或成年人及婴孩因感冒气管炎、支气管炎等疾病引起的痰多、咳嗽、气促、胸闷疗效理想	入肺不入脾,化痰不止痰,只适合用于风热感冒
东盛科技起动盖天力制药小白	100 mL	每日 3～5 次,1～3 岁5 mL/次,4～6 岁 7.5 mL/次,7～10 岁10 mL/次,11～14 岁20 mL/次	24	对乙酰氨基酚、盐酸伪麻黄碱、氢溴酸右美沙芬	供儿童的感冒对症治疗药	西药成分有副作用

软实力之顾问式成交

摸透消费者的心理,可以引导消费者的思路,诱导消费者产生购买行为,使导购活动达到事半功倍的效果。

从消费心理的角度来说,顾客的购买行为一般可分为四个阶段:注意阶段、产生兴趣、产生欲望、行为阶段(购买行为)。

针对以上要点,我们采取四个步骤。

1. 引起顾客的注意

① 对顾客要热情、大方,保持一种愉悦、轻松、和睦的气氛。

② 以和善的口气客观地介绍产品。

③ 推荐产品时语言要流畅自如、充满自信。

④ 耐心地回答、解释顾客提出的问题。

⑤ 要配合顾客的认识进度,不要急于把所有的产品特点一口气讲完,要让顾客有思考的时间。一次注入太多的信息量,顾客接受不了,效果反而不好。

⑥ 介绍产品时要实事求是,不要夸大其词,以免引起顾客的反感。

同时要注意:

① 不要紧跟着顾客,顾客会认为你把他当成贼,容易使顾客反感。

② 不要用眼睛紧盯着顾客。

③ 不要对顾客的提问不理不睬,即使顾客问其他品牌的问题,也应礼貌热情。

④ 不要打断顾客的话。

⑤ 在介绍产品优点的同时,不要故意贬低同类产品,否则会引起顾客对产品的怀疑。

与顾客接触的最佳时机包括:

① 当顾客长时间关注某一产品时。

② 当顾客触摸产品时。

③ 当顾客与朋友谈论某一产品时。

④ 当顾客与导购员目光相遇时。

⑤ 当顾客寻求帮助时。

2. 引起顾客的兴趣

① 用具有说服力和感染力的语言描述产品。

② 自己对产品信任才能售出产品,所以要对产品有很强的信心。

③ 要充分利用声像资料、手势、目光接触,以及直观的辅助工具,如产品实物等。

注意营造适宜的氛围:

① 不重成功与否,不预估得失。如果您一心想把产品卖出去,而不是站在顾客的角度帮助他们解决问题,那么您就很难获得成功。

② 面带微笑,减少彼此的压力,那么一切很容易朝您期望的方向发展。

③ 好像不经意,刚想到。这样可以避免一种"程式化"的感觉。如果顾客认为您的建议是刚刚才想到的,而且是专门为他而设想,这样很容易使顾客产生信赖感。

④ 设身处地地为顾客着想、提建议。您的建议中肯而实事求是,能让顾客感到您的建议比别的建议给他带来更多的好处。

3. 激发顾客的购买欲望

① 给顾客表达的机会,以把握顾客的需求心理。

② 尽量使用客观的证据说明产品的特性,避免个人主观臆断。

③ 把产品和顾客的问题同实际需要相联系。

④ 把顾客的潜在需要与产品联系。

⑤ 尽可能让顾客触摸、操作产品,以增加其购买兴趣。

⑥ 比较差异,让顾客觉得他就是需要这个产品,他要的功能正是这些功能。

⑦ 顾客就产品提出的问题要立即回答(价格问题除外),以免顾客失去兴趣。

⑧ 不论是说明或示范,都要力求生动。

⑨ 充分示范产品,增强说明的效果。

⑩ 请时刻铭记:您的建议和推荐必须能打动人,同时也应该是对顾客健康幸福的承诺。

有以下信号发出时,表明顾客决定购买。

① 有欣喜现象,不住地点头,如"好,这个好""嗯,不错""挺漂亮"。

② 自问自答,如"咦,这是干什么用的? 哦,起固定作用! 很好嘛。"

③ 显示出欲望与需求,如"我早就想买一套新锅了。"

④ 介绍时顾客对产品爱不释手,如反复触摸、反复察看。

⑤ 好像此产品已经属于他,如"这下炒菜不怕有油烟了"。

⑥ 要求再重复说明产品好处或问题,如"您刚才说的复合片材,能再介绍一下吗?"

⑦ 问售后服务、退换、退款、保养等问题,如"售后服务具体是怎样的?"

⑧ 不再提问,进行思考时。

⑨ 开始谈论价格问题时。

⑩ 反复询问同一个问题时。

⑪ 与朋友、妻子商议时。

4.促使顾客采取购买行为

影响顾客购买的原因有:质量、价格、环境、品牌、服务等。当顾客自言自语、反复查看产品、问售后服务时,表明顾客已发出购买信号,他可能在思考,这时应该帮顾客打开心锁,鼓励他做出决定。

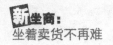

以下是八个有效的结案技巧。

(1)主动争取法。把握时机,主动开口让顾客买,否则顾客很难自己开口说买,而会变成"再比较一下""考虑考虑"。

(2)订单争取法。利用人的从众心理,给顾客出示已存在的名单:"已经有很多人买了这种锅。"减少顾客的不安全感,从而加强其购买的欲望。

(3)二选一法。首先要假定他已决定购买,如"您喜欢黄色还是红色?""您想用现金结账还是信用卡?""您决定要这一套还是那一套?"

(4)运用"症结性问题法"。总结过去问题所在,如"这样看来,您最担心的就是炒菜时油烟太大,而这款锅可以有效抑制油烟产生""这种复合底的炊具可以保证食物不易粘底、不易焦煳,这样您炒菜时就轻松多了"。找出问题的关键点,从而提出解决的办法。

(5)优缺点分析法(总结式)。您可以这样对顾客说:"如果您买了这口锅,您会觉得物超所值,因为它既可以让食物不粘、不焦、无油烟,放在厨房里又很美观大方。"

(6)警告式故事。给出顾客一些反面的经验:"使用一般的锅,油烟很大,很容易让人变老""普通的铝制炊具用久了就会变形,底部会凹陷进去"。顾客当然不希望出现这些情况。

(7)探讨销售失败原因(以退为进法)。"我很想听听您没有购买的真正原因是什么? 是我刚才介绍得不清楚,还是您对产品有什么疑虑?"实际上是再给自己一次机会,因为这一次双方不是一种买主与卖主的关系,彼此的压力与戒备都解除了,所以您大有机会了解真正的原因。如果这一层疑虑可以解决,同样可能成交。

(8)消除反对意见的方法。如果解决了顾客的所有反对意见,那么成交就在眼前了。

附：诺贝尔瓷砖经销商终端门店店长绩效考核表

绩效分类	绩效标准	评分	积分	得分
业绩指标部分	能否监督和协同店员共同完成门店的日常销售工作	15		
	能否带领店员积极宣传"诺贝尔"品牌形象和特色,协调店员处理顾客纠纷	10		
	能否组织门店人员配合协同公司业务人员做好门店促销活动,保证促销活动执行到位	10		
	能否做好门店每天的销售统计和每月的销售总结	5		
	能否组织店员学习培训,了解诺贝尔的新产品知识,并对店员进行辅导和培训	5		
	能否协助诺贝尔新产品的出样	5		
	能否对店员工作表现和绩效进行评估	5		
	能否同时做好店员应该完成的各项日常工作任务	5		
工作流程质量部分	是否能够向用户推荐公司产品、介绍公司,宣言公司的实力、发展和历史荣誉	10		
	是否能够现场派发公司产品和服务的各种资料	5		
	是否收集专卖店负责人对公司的要求和建议,及时向经销商汇报	5		
	是否掌握产品的销售情况,及时向专卖店负责人提交汇总报告并跟踪到底	15		
	是否填写零售日、周、月报表及销售跟踪表并上报专卖店负责人	15		

评分标准	绩效突出、超于该项工作的一般要求(4分)	考核总分	备注:
	绩效完全达到该项工作的一般要求(3分)		
	绩效基本满足该工作的一般要求(2分)		
	本期不予考核(1分)	考核等级	
	未达到该岗位的绩效要求,但未造成不良后果(0分)		
	未达到工作要求且造成不良后果(−1分)		

专卖店负责人签名		被考核人本人签名	签字日期	

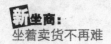

硬功夫之形象

硬功夫之形象:最好的形象展示、最佳的结构呈现。

附:友邦集成吊顶专卖店硬件检核表

时间段	内容	标准	负责人	备注
	店外	门头、玻璃门、橱窗、地垫清洁; 门口地面无鞋印和垃圾; 玻璃门上的装饰物无损坏; 无妨碍门店视线的物体	店员	
营业前	店内	接待台:办公用品摆放整齐,将接待台打扫干净; 洽谈区:接待处的桌椅摆放整齐,桌面没有杂物; 陈列架:检查陈列架上是否有空缺产品; 形象展示工具:检查墙面、顶面,体验间展品是否为畅销品及新品,堆码展示等位置是否正确,展品是否干净整洁、是否完好无损,如有损害应该及时更换或报修; 地面:打扫干净地面,检查有无胡乱堆放杂物,保持地面的开阔; 画架:检查画架摆放在规定位置,架上海报要整齐; 卫生用品:卫生处理完毕后妥善收置卫生用品	店员	正式营业前30分钟之内完成
营业中	店外	门头、玻璃门、橱窗、地垫清洁; 门口地面无鞋印和垃圾; 玻璃门上的装饰物无损坏,如损坏及时更换; 无妨碍门店视线的物体	店员	每2小时检查一次,店长每天巡查4次,上午下午各2次
	店内	前台:保持各办公用品摆放整理,发票等单据用完后及时锁好; 接待处:顾客走后,接待处及时整理,保证随时接待。相关物品擦洗干净,宣传册及时放回资料架,桌面没有杂物; 陈列元素架:保持干净,样品归位	店员	店员随时检查,店长随时巡查

续表

时间段	内容	标准	负责人	备注
营业中	店内	形象展示工具：检查墙面、顶面、体验间、堆码展示等位置是否正确、是否干净整洁、是否完好无损，如有损害应该及时更换或报修； 地面：顾客走后，及时打扫地面，及时将退品等杂物放于指定位置，保持地面的整洁； 宣传架：用完的宣传物，及时摆放在规定位置，架上宣传物要整齐，破旧宣传物及时更新		
营业后	店外	打扫店头、门口卫生，玻璃门干净并保证门上装饰物符合标准	店员	下班后15分钟内完成，店长检查
	店内	对门店进行整理，保证门店干净及各设施保持完好整齐； 安全性：仔细检查电源，一定要关好水管，切断电源，离开时检查门锁是否锁好，保证门店安全	店员	

硬功夫之出样

硬功夫之出样：最快速度出样、最大力度出样。

附：友邦集成吊顶终端店面现场检核表

检查时间			检查人员			
责任经销商			责任代理商			
店面选址			面积			
项目	内容	通过打(√)	存在问题和情况	整改意见		备注
SI标准基础建设	店头招牌			时间限制：		
	形象墙					
	接待台					
	元素架					
	画架					
	设计区					
	移动展框					
	吊旗					

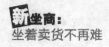

续表

项目	内 容	通过打(√)	存在问题和情况	整改意见	备 注
灯光效果	总体照明			时间限制:	
	门头照明				
	墙面展示(顶部下打灯)				
	体验间照明				
	墙面背景照明				
	元素架照明				
出样效果	墙面展示出样			时间限制:	
	体验间展示出样				
	过道移动展框出样				
	主机元素架出样				
	橱窗出样				
	面板元素架出样				
装饰效果	POP			时间限制:	
	价格签				
	画架式移动海报				
	灯箱式固定海报				
	方框吊旗				
	店面应用品牌物料				
	设计类杂志				
	常青植物				
清洁卫生	地面整洁			时间限制:	
	样品清洁				
	店内墙面整洁				
	橱窗、玻璃清洁				
	接待用品整洁				
	服装整洁				
	店外门口整洁				
	设计区清洁				
	体验间清洁				
本专卖店可以向外推广细节和经验				督导签名:	

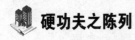 硬功夫之陈列

硬功夫之陈列：最强深度陈列、最专物料组合。

附：友邦不同类型专卖店的软装硬件配置

软装硬件	一级市场			二级市场			三级市场	
	旗舰店	一级店	二级店	旗舰店	一级店	二级店	一级店	二级店
	200 m² 以上	150~200 m²	100 m² 以上	200 m² 以上	150~200 m²	100 m² 以上	150 m² 以上	120 m² 以上
接待台	■	■	■	■	■	■	■	■
桌椅	■	■	■	■	■	■	■	■
资料架	■	■	■	■	■	■	■	■
设计杂志	■	■	■	■	■	■	■	■
企业手册	■	■	■	■	■	■	■	■
色卡	■	■	■	■	■	■	■	■
设计鉴赏	■	■	■	■	■	■	■	■
多功能咖啡机	■	■	■	■	■	—	—	—
饮水机							■	■
咖啡杯具	■			■				
玻璃杯具		■		■	■	■	■	■
消毒柜	■	■	■	■	■	■	■	■
咖啡	■	■	■	■	■			
袋泡茶	■	■		■			■	■
糖果	■	■		■			■	■

注：■表示具备；—表示不具备

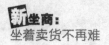

案例:博洛尼的软硬终端

从 1999 年进入中国,博洛尼以"整体橱柜"被消费者熟知,到 2005 年,"七间宅"的开设让博洛尼迅速捕获了顾客的心,科宝·博洛尼如今已在中国的家居市场上占有重要一席,探究科宝·博洛尼的成功之路,不得不归因于其终端的"软硬兼施"。

1. 硬终端——家居体验馆

如今,各大家居品牌都已经意识到"开大店"的重要性,纷纷找合适的位置开设旗舰店。而科宝·博洛尼早在当年做橱柜时,就察觉到家居产品不像快消类产品一样可以在网络上看过样品就敢于订货,消费者需要亲自去触摸、亲自去体验才能更深入地了解产品。

2005 年,科宝·博洛尼就突破性地创造了一种全新的体验式消费,在北京建立了 8 000 平方米博洛尼家居体验馆,以"七间宅"的形式呈现,在全球首创以生活方式体验,用设计装修带动从建材到家具及后期配饰产品销售的独特模式,这种全新的方式迅速赢得了消费者的好感,并被大众所接受。

博洛尼产品

2010 年 4 月,科宝·博洛尼又在原来的"七间宅"的基础上进行了全面升级,推出了"十六间宅"。这些"宅"都是建立在目标消费者的细分上,使得来科宝·博洛尼的每个顾客都能找到属于自己的"宅"。下表所示为博洛尼各产品的风格及适用对象。

博洛尼各产品的风格及适用对象

名称	风格	适用对象
罗马假日	承袭世家尊荣	现实人物标签:继承家族企业、性格沉稳的 45 岁左右的成功人士,国际上市公司老总,如纺织大王荣氏家族;传承历史、荣耀身份
新怀旧	法式优雅、慢调生活	现实人物标签:经营珠宝古董店的女主人,沉静高雅,生活闲适
炫奢华	奢华级的颓废美	现实个性标签:经常曝光于镁光灯下的明星般的设计师;明星般的生活、特立独行、璀璨夺目
九朝会	士大夫审美的当代表现	现实人物标签:需要与西方文化对话的拥有中国文化自信的国际化人士,新东方主义,传统与现代,文化自信
男性主张	新经济下国际化的年轻新贵	现实人物标签:投资银行基金经理,年轻新贵,博学多金,高调奢华
新经典	第二次世界大战后十年恢复期的幸福时光	现实人物标签:建筑设计师,视建筑为成年人的玩具;经典怀旧,真我本色
部落文化与都市游牧情结	自然的外表,狂野的内心	现实人物标签:具有冒险精神的喜欢周游世界的人们;游牧情结、曲线思维、社交领袖
女性主张占上风	价值观不确定时代的多愁善感	现实人物标签:驰骋职场,多愁善感的双面佳人;白天强势,夜晚脆弱
永恒	神秘东方气质的自然诠释	现实人物标签:探寻新亚洲文明、追求自由、有主见的人们;亚洲文化底蕴,简约大气
雪茄记忆	用历史印记寻觅人生真谛	现实人物标签:充满丰富生活阅历的沉稳绅士;沉淀历史、积淀成熟
珐琅黑	前卫与另类的时尚	现实人物标签:具有强烈生活能量的新人类或夜店领袖;同时拥有三个以上男/女朋友,前卫现代,跳跃激情

名称	风格	适用对象
国际禅	不以物喜、不以己悲	现实人物标签：以平和的心态面对人生的成功智者；宁静致远，静虑明心、思修合一
生活在书房	可以食无肉，不可居无竹	现实人物标签：博览群书的社交型媒体人士；敏锐洞察、人脉广泛
威尼斯	曾经沧海难为水	现实人物标签：有故事的女人；久经世事、淡定自若、善解人意
新装饰主义	无忧无虑享受无拘无束的生活	现实人物标签：拥有良好的生活教育背景，内心充满阳光，不涉世事，感觉社会很美好的都市丽人
蔷薇红	白天强势，夜晚坚强	现实人物标签：国际大公司女高管；国际化，独具艺术品位

目前，科宝·博洛尼在 60 多个城市，有 200 多家店面，7 万多平方米的营业面积，其中超 8 000 平方米的超级体验馆就达到 5 个，超 1 000 平方米的超过 10 个。相比于其他品牌，科宝·博洛尼的品牌势能得到充分体现。

这些体验馆都是统一装修的，提供包括厨房、卫生间、客厅、卧室、书房、儿童房等在内的全功能空间真实样板间，消费者不仅在体验馆中能亲身感受国际主流的家居风格，也能体验不同的生活方式。

而在商业布局上，以北京为例，目前已经形成了以超级家居体验店携同 40 个家具建材市场内的分店的立体布局，这种模式也已经在全国被迅速复制出来。

科宝·博洛尼为保证所有家居馆都能带给消费者同样的体验品质，一直以来都坚持自建渠道，自建专卖店。在对经销商的管理上，科宝·博洛尼设有专门的渠道管理部，对经销商实行区域独家代理政策，对于销量好的经销商实行 VIP 支持服务模式，并将其管理及服务权限交由北京零售系统全面负责，通过整合双方资源，加强代理商与北京总部的对口。对于管理经验不足的经销商实行点对点的帮助，即时发现问题，给予人力、经营思路与管理理念的培训与支持。

科宝·博洛尼为满足前来体验的消费者的不同需求，将品牌拆分为"科宝""博洛尼""钛玛赫"三大品牌。

其中"科宝"是以年轻的白领为目标群，为住宅提供直接入住级别的整体家装解决方案。比如，一套小户型住房的客户只需6.8万元就能实现装修、主材、家具等一站式购齐，真正让装修过程做到便捷省心，并且首创"68天提包入住"模式及"一对一管家"服务，博洛尼为消费者提供了彻底放心的整体服务。

"博洛尼"品牌定位中高到高端，博洛尼品牌旗下包含了整体橱柜、整体卫浴、内门、板式家具、衣帽间、沙发布艺、地板主材等八大产品，倡导一条设计主线贯穿各个功能空间的理念，从个性需求、实用功能、装修预算等维度综合考量，从而从风格、材质、品质都全面满足了客户需求。

"钛马赫"品牌则定位为顶级品牌，主要针对别墅客户。通过系统规划整体提升别墅居住品质设计，满足上流社会人士的高端装修及家居生活需求。

三大品牌既有互补又有不同，使得科宝·博洛尼的家居馆能够带给每一位顾客不同的体验，满足不同的需求。

2. 软终端——人性化服务

过去家居产品终端的销售更多的是靠导购员的"嘴"，如今则更多强调"一体化的解决方案"。

科宝·博洛尼作为最早推出整体家装解决方案的企业，为每一位顾客提供了从设计到定制安装再到售后的"一条龙"人性化服务。

首先，设计师的介入，成为签单的一把"利器"。家装行业中"潜"规则众多，在惯常的装修流程中，往往是销售人员在简单了解业主需求后，便随意拉来一位设计师帮助业主提供设计，而业主对设计师的擅长风格，设计能力不了解，最后的效果常常会打了折扣。

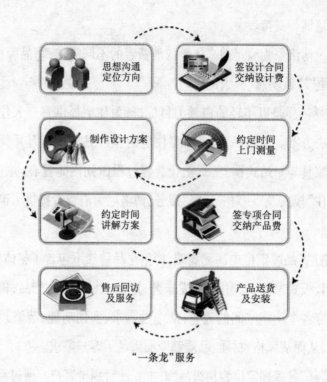

"一条龙"服务

而博洛尼作为时尚家居的典范，一直以设计为自己的灵魂，博洛尼也把设计师作为自己的一个"卖点"。顾客在体验馆内就能看到设计师们在现场办公，消费者有任何的想法与需求都可以在第一时间与设计师进行近距离的沟通，而且这些都是博洛尼自己的设计师，对于博洛尼的风格有更准确的把握，他们会让消费者体验，帮消费者分享。即使当时顾客有什么没想到的，事后也可以随时在网上与设计师进行交流。

设计师是家居企业的核心竞争力，为此博洛尼一方面非常重视设计师的培养，另一方面对设计师的选拔录用也非常严格。设计师首先需要在国际设计学校进行3~10个月的设计技能和设计理念的学习，才能进入博洛尼实习，再根据其自身特点分配不同的设计工作。

博洛尼在业界率先提出"第四代家装"概念，提倡"拒绝拼凑，量身定制整体家装"。它推出"1+N"整体设计，即家装设计师和多位专项设计师（整体厨房、卫浴、家具配饰设计师)同步进行设计,终结拼凑式装修风格不统一的顽疾;同时将产品设计环节提前纳入装修流程,提倡系统化的家居整体设计——家装设计＋产品设计(橱柜、卫浴、内门、地板主材等)＋家具设计,消除家装设计和家具设计间的断层。

其次,"定制"成为科宝·博洛尼的"独门秘诀"。博洛尼拥有的36万平方米的四个生产基地、3 000多名经验丰富的工人、26家OEM企业、近200家专用材料与部件供应商,使得其每天可完成超过40个家庭整配单元,这些均保证了博洛尼所有的产品都可以按照消费者家的尺寸来定制,这是科宝·博洛尼不容易被竞争对手模仿的重要资本。

最后,在售后服务方面,科宝·博洛尼遵循"服务是核心,质量是生命"的售后服务理念,推行"首问负责制",要求客户不论找到公司的哪一名员工,该员工都必须将服务跟踪到底,直到问题彻底解决,顾客无须东奔西找就能完全享受到公司的售后服务。

此外,科宝·博洛尼还在其官网上提供了一系列的服务,如与设计师的交流等,消费者还可以预约参与相关的咨询活动,现场聆听设计师的讲课,同时还能参加抽奖等促销活动。

除官网上的活动外,科宝·博洛尼也非常重视其他渠道的推广,不仅在央视等传统媒体上投放广告,时尚家居杂志、小区活动、各种酒会、全方位的网络宣传等都是其品牌推广的手段。

当然,作为时尚的家居典范,科宝·博洛尼在品牌推广上时常也以"大胆新颖"来吸引消费者,如当年的抢沙发活动,科宝·博洛尼的总经理蔡明将网络中的"抢沙发"变成了现实中抢真沙发,通过抢沙发活动,使蔡明的新浪博客访问量突破13万人次。科宝·博洛尼依托新浪强大的博客营销平台进行了一次成功的互动营销,让网民在"抢"得欢乐与实惠的同时在无形中也扩大和提升了科宝·博洛尼的影响力及品牌营销实战能力。

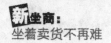

再比如，为了让装修业主和设计师能有更加深入的了解，科宝·博洛尼又推出非诚勿"装"的大型家装真人秀节目，将装修比喻为恋爱，业主可以与设计师进行"恋爱般"的双向选择，科宝·博洛尼通过此次活动力图与客户共同打造"和谐"家装的理念。

正是通过这一场场"秀"，科宝·博洛尼将越来越多的消费者给"黏住"。

2008年年底开始的经济危机对中国的家居业进行了一次重新"洗牌"，众多中小企业在"寒冷的冬天"里闭店歇业。但经济危机既是一次挑战，也是一次机遇，家居行业竞争愈趋激烈的趋势不可避免，企业如何在这激烈的竞争中生存下去？科宝·博洛尼的终端营销给了我们很大的启示。

四、释放好店能量

好店的四大标准

好店的四大标准如下：

(1)畅销：卖得多,卖得好。

(2)长销：卖得长。

(3)高价销：卖得高。

(4)高利销：卖得值。

好店能量如何释放

导购愉悦度：不受访地接受您的导购而不是促销；

方案整体性：个性化的产品整体解决方案而不是就钻头卖钻头；

推荐成功率：是人所欲施于人而不是已所不欲施于人、已所欲施于人、人所不欲施于人；

客单价值额：不仅仅是数量更是价值；不仅仅已消还有人消。

附件一：杉杉集团加盟公司网点月度信息汇总表

网点：

日期：　　年　　月　　日(星期　　)　　天气

	本月目标额		营业收支明细统计			
目标营业额	本月达成		现金收入	共　元	零用金支出	共　元
	当前累计		其他收入	共　元	销货折扣	共　元
	达成情况				预收金额	共　元
	本日总客数					
	平均客单价		合计 A		合计 B	

续表

发票使用状况		零用金支出明细	金额
本日销货发票开立起止号码	二联	1	
	三联	2	
本日销货发票误开号码		3	
		4	
本日共开　　份(含误开)		5	
销售货品前三位排序		进、销、存状况	

货号	数量	金额	进销存	金额	数量
			进货		
			销货		
			存货		

人员出勤情况							
编制人数		今日出勤		请休假			
正职人	计时人	应到人	实到人	病：	事：	公：	休

问题反映与建议：

附件二：杉杉集团专卖店月度信息汇总表

目标营业额	本月目标额	营业收支明细统计			
	本月达成	现金收入	共　元	零用金支出	共　元
	达成情况	其他收入	共　元	销货折扣	共　元
				预收金额	共　元
	本月总客数				
	平均客单价	合计A		合计B	

发票使用状况		零用金支出明细	金额
本日销货发票开立起止号码	二联	1	
	三联	2	
本日销货发票误开号码		3	
		4	
本日共开　　份(含误开)		5	
销售货品前三位排序		进、销、存状况	

续表

货号	数量	金额	进销存	金额	数量
			进货		
			销货		
			存货		
人员出勤情况					

编制人数		今日出勤		请休假	
正职人	计时人	应到人	实到人	病： 事： 公： 休	

问题反映与建议：

附件三：杉杉集团加盟公司网点月度信息汇总表

	本月目标额	营业收支明细统计			
	本月达成	现金收入	共 元	零用金支出	共 元
目标营业额	达成情况	其他收入	共 元	销货折扣	共 元
				预收金额	共 元
	本月总客数				
	平均客单价	合计 A		合计 B	

销售货品前三位排序			进、销、存状况		
货号	数量	金额	进销存	金额	数量
			进货		
			销货		
			存货		
货号	数量	金额	进销存	金额	数量
			进货		
			销货		
			存货		
人员出勤情况					

编制人数		今日出勤		请休假	
正职人	计时人	应到人	实到人	病： 事： 公： 休	

问题反映与建议：

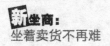

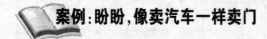 案例:盼盼,像卖汽车一样卖门

20多年来,盼盼在竞争激烈的门行业竞争中独领风骚,从当初的产品制胜到如今的终端服务制胜,盼盼在完成了自身飞跃的同时,率先在国内门行业中引进4S店概念,令众多竞争者望"店"兴叹。

从1992年买断北京亚运会吉祥物大熊猫盼盼,到之后"盼盼到家,安居乐业"的广告词走进千家万户,盼盼已经在中国门行业的竞争中独领风骚20多年。但门行业的低门槛性,使得越来越多的企业投身其中。据不完全统计,目前,国内市场上门企业2 600多家,光浙江永康一个市,就有30多个知名品牌,由此可见门行业的竞争。

盼盼在过去的20多年,为保有行业排头兵的地位,更多依靠的是产品质量的不断提升,从首创的"圆弧框防盗门",到后来推出的晶晶精品门系列,再到如今的无焊点连接绿色环保防盗安全门"波特意特"系列。但是行业特性决定着盼盼的每个产品出来后都被迅速模仿复制,门行业内产品同质化趋势愈演愈烈,产品差异化空间减少,以产品差异化来拓展市场的难度加大,单靠"产品制胜",盼盼"不保险"。

为此,盼盼把目光瞄向了终端服务。盼盼集团的总经理韩召善认为,盼盼必须在服务差异化上做文章,用服务优势去战胜竞争对手。

和门行业激烈竞争形成反差的是该行业的服务质量,中国门企在终端管理上一直都采取粗放式管理,一线销售人员整体素质普遍较低,门面装修简陋粗糙。中国质量万里行促进会日前发布的"服务质量明察暗访调查结果"显示,安全门行业的服务质量最差,受访行业的合格率仅为33%,仅有盼盼集团等几家企业服务质量过关,盼盼以此认定门业服务差异化的关键就是改过去粗放服务为精细服务。

但是如何做到服务的精细化和标准化？汽车行业的4S店模式给了盼盼启发——能不能像卖汽车一样卖门？

"4S店"的概念自1998年从欧洲传入中国以来，被众多的汽车企业所应用和推广，也被越来越多的消费者所接受和认可。4S店作为一种以"四位一体"为核心的汽车特许经营模式，包括整车销售（sale）、零配件（spare part）、售后服务（service）和信息反馈（survey）等。它拥有统一的外观形象、统一的标志、统一的管理标准、只经营单一的品牌等特点。在4S店内，车主不仅能得到专业的服务，还能享受喝水、看杂志等一系列人性化服务，4S店在提升汽车企业形象和美誉度方面的优势显而易见。

盼盼参照汽车业的4S店产品销售服务体系，将4S店模式"嫁接"到门行业，在行业内率先推出4S店。

2006年2月，盼盼第一家4S旗舰店在广州正式营业。由于其一体化的服务，加上良好的品牌形象，4S店模式一经推出即被广大消费者所青睐。随后，盼盼进一步完善4S的服务，提高软硬件设施，全力推动服务向精细化发展。目前，盼盼在全国建立了近百家4S旗舰店。

盼盼的4S店内主要包括如下内容。

一是核心服务，经销店设24小时热线服务，确保24小时畅通，有服务人员接听，并及时提供服务。服务电话在当地电信局申请注册，在114查询台能够查询到，并在报纸公示，店内外提示。服务人员24小时全天候提供服务，市区内2小时内到位，市区外3～5小时到位。

二是辅助服务，服务人员统一穿着工作服，店内接待人员须着正装；服务语言运用标准、规范；店内环境整洁、卫生、环保。

三是人文关注，设立人文配套设施。提供介绍消防知识等内容的温馨提示卡、客户饮水机、手机充电器、网络文化娱乐设施。

四是建立首席问责制，不论是否属于本岗位工作范围，对客户的服务问题要落实到人、到位;对非本品牌的安全门的紧急安全问题提供人性化救援。

盼盼销售业绩的高速增长证明了顾客愿意为这样的服务埋单。自实行4S管理模式以来,2006年仅上半年的销售额同比就增加了15%,而2005年上半年的销售额与2004同期相比增长仅为2%~3%。2009年是金融危机年,盼盼不仅做到了"不裁员、不减薪",还大大增加了员工的数量,大幅度提高了员工的工资,并促使公司的经济效益同比增长28%。目前,盼盼在整个门行业中市场占有率达25%以上,年销售额超过20多亿元,产销量均居全国第一位。

盼盼门4S店

尽管盼盼4S店还有待进一步完善和推广,但是4S店的模式无论对盼盼还是对整个门行业都有深远意义。

首先,盼盼通过建立4S店,使其在终端营销上拉开了与竞争者之间的档次,进一步提升了自身品牌的形象。调查显示,目前盼盼的服务质量在门行业中以93分排列榜首,服务质量排名第二的品牌的综合得分仅为67分。

其次,4S店模式有利于引导整个门行业健康良性发展。盼盼作为门行业的标杆企业,一直以带领整个行业向健康方向发展为己任。早在2005年6月,盼盼就作为安全门行业标准的牵头单位参与相关条例的修订。中国质量万里行促进会调查监督部部长李敬凯认为:"如果4S模式能在整个门业推广开来，对行业发展的推动是巨大的，它将改变当前粗放的服务模式，共同促进我国安全门行业服务水平的提高。"

最后，门行业将来必会和其他产业一样，由产品质量制胜转移到终端服务制胜，届时谁能更好地掌控终端，谁就能在行业竞争中处于有利地位。

第三章

成为新坐商的五大法则

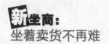

一、势能战略

所谓成大势,就是抢占行业、区域、终端的制高点,把友邦这个行业第一品牌的大石有效地放置在"一夫当关,万夫莫开"的制高点上,形成对敌的有效钳制、对己的有效牵引和对消费者的有效辐射。

📖 案例:奥普为什么在家门口被对手打得落花流水?

杭州市场是友邦全国销售比较成功的典范,2008 年第一季度销售额就达到 2007 年全年预定目标的一半。成绩令人振奋,优秀的经验值得深入研究探讨和学习。优秀经销商的成功经验着实令人赞叹,可以让所有友邦人受益。杭州市场也是某一浴霸品牌竭力力争的战略要地,竞争相对全国市场更为激烈。那么在这种局面之下,杭州友邦是如何做到从容发展,处变不惊的呢?下面就是友邦集成吊顶杭州经销商汪卫星经营策略。

1. 基础扎实,积累初见成效

俗话说,一锹挖不成一口深井。据汪卫星介绍,2008 年的成绩是由 2005年、2006 年、2007 年三年的努力铺垫而成的。2005 年的杭州是集成吊顶的空白市场,汪卫星对这个行业也是一无所知,毕竟是一个新兴产业,所以机遇和挑战并存。厨卫吊顶装修一直被忽略的消费观念主导市场。开业几个月,几乎无人问津。随后进行小区驻点,招聘了十几个工作人员进行扫楼式宣传,传达"集成吊顶"的概念,进行消费者教育。让客户愿意了解集成吊顶,到了解集成吊顶,到对集成吊顶产生兴趣,到愿意购买的过程很艰辛,杭州专卖店的友邦同仁们以蚂蚁啃骨头的执著感动了客户,让客户认可了友邦的产品,小有收获,甚是安慰。

市场开拓初期都比较艰难,直至2005年8月,面积为120平方米的友邦杭州市场的第一家品牌形象店在新时代装饰广场开业,经营情况有所好转。在杭州陶瓷品市场板材区有一个狭长的门面,算是在杭州城东板块有了一个落脚点,但经营状况不佳,近而转移到佳好佳附近的三新精品厨房馆,在橱柜区中求生存。到2007年,城东店以近30万元的高额转让费辗转至100平方米的佳好佳居饰商城。随着城东店步入正轨,杭城滨江住宅新区业务接踵而来。

2. 渠道拓展,挖掘潜在消费群

把握通路才可以把握市场,渠道通畅性是营销成功的指示器。汪卫星在2005年就开始与家装公司合作,当时是和一家小家装公司合作在一个左岸花园(小区)设点出样,但成绩并不理想。因处于摸索阶段常常碰壁,但友邦仍然不断努力和家装公司接触,渐渐地,家装公司设计师跟杭州专卖店的业务员也有了联系,带来了一些业务,由此打通了这条渠道。初期与杭州两大知名家装公司局部合作,与设计师也建立了客情关系,举办设计师沙龙、在家装公司进行产品出样。刚起步时所占据的市场份额很小,但友邦深知商道即人道,"人脉"的拓宽也为后续发展埋下了伏笔。2006年年底,友邦和杭州七八家知名的家装企业形成了全面的战略合作,并且取得了较好的业绩。许多家装设计师对集成吊顶都有所了解,且对友邦印象更加深刻。后期,友邦再对家装公司、设计师进行关系维护,资源开拓,利益共享。

汪卫星还有一招,那就是有所针对并有选择性地参加建材展、家居展,扩大认知度和知名度,宣传品牌形象的同时又可提高销售量,一举两得。从一年两次的建材展订单量来看,友邦已经被大部分消费者认可和熟知,可谓是深入人心。每一次展会都让汪卫星收益颇多,很多友邦经销商都前来取经。

3. 品牌宣传,大投入才有大产出

汪卫星对品牌宣传从不马虎。除在新时代广场南面拿下一个大户外,在终端专卖店市场外部还形成了强势的广告氛围。平面媒体广告、小区内广告也有计划地大量投放;定期举行有创意的活动,举办过首届吊顶节活动;重视新店重装开业策划活动;参加展会都三思而后行,进行整体策划。早期市场开拓举步维艰,大量投入貌似付之东流,但友邦相信培育市场是一个长期积累的过程,有投入才会有现在的成绩。

专卖店形象是关键,自2008年公司新SI方案出台之后,汪卫星立马进行店面装修,投入相当大。形象提升后品牌感一目了然,也吸引了更多的消费者。吸引消费者的又一个重点——产品出样——刺激了顾客的消费欲望。产品出样的美观程度直接影响顾客对友邦产品的好感程度。

4. 品牌意识,销售团队建设

经营友邦品牌,汪卫星很有心得。专卖店经营要品牌化,要对经营模式进行创新,现代的经营理念和操作思路也要创新。首先在观念上要认同友邦总部制定的战略与策略,在执行中不能偏离品牌理念,要坚持友邦的核心价值观,如若擅自表达自己的思想,则会影响品牌形象。

品牌经营,团队建设必不可少。经营操作思路已经形成公司化运作,内部人员的配置、岗位职责的分工、人员的培养、内部工作流程的合理制定等花费了不少时间和心血,尤其是门店导购、业务员、安装技术人员的招募和培养。由于集成吊顶涉及细节较多,因此人员流动很频繁,现在留下来的人员都是营销精英,都有着专业的集成吊顶知识和相当好的销售技巧。在人力资源上舍得投入也是提高销售额的一个重要原因,管理制度健全,执行程

序有条不紊,凝聚员工的向心力也很关键。

笔者感言:经营好友邦品牌真不是一件容易的事,除了要拥有一定的资金实力,具备敏锐的商业意识外,还需要有大量的产品知识。除此之外,还要进行渠道维护,拥有优秀的销售队伍。除了自身需要具备的营销理念与实际操作技术等条件之外,还要借势友邦公司总部优势与公司总部形成一个强大的营销共同体,并逐步形成战略联盟,实现厂商共赢、共同发展。

链接:奥普,单项冠军之痒

作为浴霸市场曾经的龙头老大和垄断冠军,奥普的日子过得很舒服,几个灯泡加个框子,就可以卖到几百元甚至上千元,几年时间就做到了资产数亿元,并把浴霸打造成了一个全新的行业,成为行业代名词。这是奥普的创始人方杰所没有想到的。然而,自从奥普成为行业垄断冠军之后,奥普的新业务开发、新产品延伸就走上了一条不归路,而自从颠覆了浴霸、照明、天花等这个老品类的全新品类集成吊顶横空出世时,奥普的单项冠军之路更加增添了众多的变数。奥普该何去何从呢? 两年过去了,奥普创始人方杰依然很痛苦,浴霸销售一直在下滑,吊顶虽然进入了,但局面一直没有打开,怎么办?

提到浴霸,我们马上就会想到一个品牌——奥普。

但对奥普,你还会想到别的吗? 当然不会。因为在众多消费者的记忆中,奥普就是浴霸的代名词,它难道还有别的产品?

为了这个美好的品牌梦想,奥普曾先后进入了油烟机、燃气灶、电磁炉、家居照明、电饭煲、换气扇等产品,然而,这些新业务新产品要么失败,要么失利,要么流产,要么夭折,总而言之,均以没有结果而告终。

如今的奥普虽然已是港股上市公司,但6亿元左右的业绩销售的绝大部

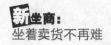

分还依然依靠浴霸这个独木来支撑。

在 2008 年的股东大会上,奥普的决策层和管理层再次受到了大量股东的责问。

"集成吊顶这么好的产品,奥普为什么迟迟不进入?"

"我们上市融到了几亿元的资金,到底拿去干了什么呢?为什么在集成吊顶行业表现得如此差劲?"

"奥普的未来到底是什么?浴霸吗?整个浴霸行业只有奥普一家在生产了,就算你 100% 垄断了又有什么意义呢?原先一直可以卖钱的奥普两个字,现在在消费者面前已一文不值了。这种局面如何解决?"

……

但时至今日,2009 年上半年的半年报再次显示,奥普依然没有摆脱这种局面:奥普整体业绩与 2008 年同期相比下滑了 7.1%,毛利则同期下滑了 19.9%,每股盈利下滑 20%。但与此同时,集成吊顶行业的平均增长水平在 30% 以上,而领跑者友邦则是高达 50% 以上。

此时此刻的奥普,不仅仅是单项冠军之痒,而是单项冠军之痛了。

2004 年,奥普曾经的同行友邦以室内吊顶整体解决方案的创新思维成功发明集成吊顶。但奥普的掌舵者方杰认为这是个前途未卜的产品,友邦要去玩火,就让他去玩吧,玩死了更好,正好就少了一个强劲的对手。于是,方杰在几个投资和证券公司的策划下开始了香港上市的筹备和运作。

然而,当 2007 年年初奥普如约上市,而集成吊顶产品也开始迅速被消费者认可。当奥普拿着上市圈来的钱准备寻找新项目、新产品时,曾准备全力进入家居照明行业,但发现照明行业的欧普和雷士已牢牢把住了家居照明和商业照明两大领域,而且进入的门槛相当高,所以不得不放弃。

但当再掉回头审视新机会时,却发现原先众多的同行都跑去折腾集成吊顶去了……怎么办?要不要进入?以前曾考虑进入油烟机、燃气灶、电磁炉、家居照明、电饭煲等,但均以失败告终,如果进入,该如何进入?面子问题怎么办?专利壁垒如何解决?完全不同的渠道模式如何构建?

经过全面分析,当惯了老大的奥普却也不得不开始了集成吊顶的边缘化之路。为了避免友邦的集成吊顶品类注册商标之争,同时又为了照顾自己老大的面子,并且不愿意主动向其他品牌学习缴纳品类商标使用费,于是不得不打出了"奥普1 + N浴顶"。然而,苦苦经营了一两年,不得不放弃"1 + N",直接简称为"奥普浴顶"。于是奥普就在这种做与不做、大做与小做、跟随做和拐着弯做的徘徊中又再次错失了一个获取战略性新业务的良机。

话又说回来,奥普成也在浴霸,也许失也在浴霸。

1993年,奥普开始从国外引进生产销售浴霸,从此开辟了卫浴取暖的新篇章,奥普一度成为中国浴霸的代名词,被新闻界尊称为中国浴霸之祖,是浴霸行业的缔造者,更是浴霸行业的领导。

20世纪90年代末,浴霸进入发展期,1998年后浴霸市场高速增长,2000—2001年真正形成市场规模,尤其是2000年,全国浴霸企业迅速增加到100多家。此时的浴霸产品技术比较单一,照明技术和换气技术都还未成熟。

根据调查,截至2003年年底,全国的浴霸生产企业共376家,有超过10万名的从业人员,2001年国内市场销量估计达到400万台。2002年国内销量估计达到550万台。2003年国内销量估计达到700万台。2004年国内市场达900万台。2005年国内市场达1300万台。产品品牌主要有:奥普、飞雕、名族、领航者、澳柯玛、美的等。此时的浴霸行业出现各种各样的品牌,但奥普品牌一直处于遥遥领先地位,这一时期的浴霸技术已比较稳定,款式丰富多变,开发了超薄豪华外观机型,同时,浴霸颜色也逐渐由"雅白"发展到"科技蓝"等,颜色变化丰富。

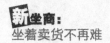

产品创新是一个企业发展的灵魂,是一个行业发展的助推器,只有产品的不断创新,才能使企业不断地发展,才能推进行业不断向前发展。而此时的奥普还依然停在传统的浴霸和既有的业绩中睡大觉。

2004—2005年,经过近两年的潜心准备和市场调研及论证,友邦终于开发完成了集成吊顶这一历史性的、颠覆性的、革命性的传统装修模式的替代升级产品,开启了厨卫吊顶集成时代。集成吊顶的出现,严重挫伤了传统产品——浴霸。此时,新产品逐渐被消费者所接受,而旧产品则逐渐被淘汰。

自从2004年集成吊顶的概念诞生到今天为止,据初步统计,全国集成吊顶的生产企业也达到了约400家,华东地区约占50%,华南地区约占40%,剩余10%分布在其他地区。其中,华南地区的优势主要在传统板材方面,而华东地区在电器方面无论是产品品质,还是生产规模及能力都有明显的优势。

集成吊顶行业已经度过了变身的初级阶段——2004—2008年,目前正处于快速成长阶段——2008—2012年,2012年之后将步入成熟阶段。大部分品牌逐步走向成熟,并带领整个行业健康稳步向前发展。

从家庭装修过程中了解到,集成吊顶在厨卫吊顶中已做到了全覆盖,预示着传统吊顶已在家装中出局。

从浴霸到集成吊顶的产品升级,带动了此行业的巨大变迁,使得这一行业的竞争状态从单一品牌向多品牌、从无序到有序转变,大大改观了此行业的面貌。

据了解,自20世纪90年代浴霸进入中国以来,前期由于开拓力不足、缺乏必要的竞争,70%~80%市场份额都集中在一个品牌,这样不仅出现了单一品牌垄断市场的局面,而且其绝对"定价权"使得行业价格一直居高不下。奥普的领导地位和价格虚高促使众多后来者纷纷效仿与假冒。曾几何时,浴霸市场突然热闹了起来,各种各样的牌子不下几十个,叫卖声此起彼伏。

这种现象在尚不成熟的行业中比比皆是,造成市场的无序竞争,诸多品牌因无法抵御这样的冲击,纷纷败下阵来。

在处于无序状态的行业里,虽然崛起了一批新的浴霸厂商,对市场垄断产生了一定的冲击,但由于其产能小,品牌影响力弱,并未从根本上撼动垄断,市场长期处于奥普品牌的半垄断的尴尬局面。

2004年友邦集成吊顶的出现打破了这一垄断市场,同时友邦集成吊顶采取了"集大成、邦天下"的经营理念,为了把集成吊顶行业做强、做大,并沿着良好、健康的方向发展,友邦作为集成吊顶发明者同意协会成员单位有偿使用其专利技术成果。

集成吊顶的发明不仅打破了行业边界——把家电、建材合为一体;同时也打破了产业边界——把二产、三产完美结合;这就使集成吊顶成为一个全新的朝阳行业,把浴霸等传统吊顶中的组成元素硬生生地逼到二、三线边缘产品的位置上,其本质则是新产品替代老产业的产业升级。

产业升级主要是指产业结构的改善和产业素质与效率的提高。产业结构的改善表现为产业的协调发展和结构的提升;产业素质与效率的提高表现为生产要素的优化组合、技术水平和管理水平以及产品质量的提高。产业升级必须依靠技术进步。而集成吊顶的发明,改变了此行业产业结构的模式和产业的素质及效率,主要表现在如下几方面:

1. 技术的升级

集成吊顶的发明不仅把世界一流的产品品牌整合起来,而且还把艺术的设计理念融进技术中,并且能够实现消费者按需定制 DIY 的设计理念。

2. 产品的升级

集成吊顶的发明,改变了传统浴霸、换气扇、照明灯与吊顶安装在一起不协调的状态。集成吊顶将铝天花板吊顶模块、取暖模块、照明模块、换气模块有机结合在一起,将几何、花卉藤蔓、吉祥图案、色彩肌理艺术元素搬上天

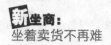

花吊顶之上,让天花板大放光彩。将时尚化、人性化、国际化的家居生活引入千家万户,推动了消费者家居生活的时尚进程。

3.营销模式升级

集成吊顶没有考虑走进国美、苏宁等家电销售卖场,因为他们卖的虽然包括电器但又不止是电器,国美、苏宁似乎跟他们的产品属性并不很契合。集成吊顶也没有把百安居、东方家园等建材卖场作为重点渠道,因为进入这样的建材卖场也只能是千篇一律的货背陈列。

集成吊顶选择了品牌特许专卖店,以生动的展板和样板让人参观、体验,让消费者直观地了解这个全新的产品,接受全新的消费理念,让消费者和友邦应用设计顾问在设计区一起进行 DIY 设计,做足产品元素的应用设计,激发创意灵感。

友邦创新式的营销理念一举获得成功,并成为行业营销的理念。

时至今日,一个绝佳的产业升级和业务扩张的战略性机会就这样流失了,甚至连当年给奥普代工的小品牌,如今在集成吊顶的业务上也已远超过了奥普,行业缔造者友邦随着业绩的持续快速攀升已然成为了行业的领跑者。

此时此刻,奥普再次走在了单项冠军攻与守、痒与痛的边缘!

专家点评一:长青冠军背后的战略逻辑

20 世纪 90 年代浴霸进入中国市场,迅速被国人接受。如今,在众多城市,给家中的盥洗间装个浴霸已经是很普遍的做法了。但随着时间的推移,浴霸产品的缺点逐渐暴露出来,如对人体构成潜在的安全威胁、设计理念逐渐被淘汰等,而引领人们时尚消费观念的集成吊顶应运而生,从此浴霸末路已经来临,集成吊顶时代已降生。

而与此对应的就是昔日的浴霸缔造者和垄断冠军——奥普开始在家居时尚大潮中与消费者渐行渐远,而就像当年装一个浴霸就是时尚一样,如今,集成吊顶开始走进了寻常百姓家。昔日的冠军开始没落,并面临被抛弃的可能。

那么,冠军是否可以长青? 就像空调行业的格力、微波炉行业的格兰仕、剃须刀行业的吉列等。如果可以长青,那么长青背后是否有一定的战略逻辑呢? 奥普的冠军之痒和之痛又该如何破解?

1. 单品冠军的痒与痛

1993 年,奥普率先将远红外线灯泡取暖器引入国内,并定位为卫浴专用取暖器,取名"奥普浴霸"。

奥普浴霸自上市以来,销量快速增长,在上海、江苏、沈阳等城市拥有 10 个分公司和 20 多个省级营销中心,产品销售网络遍布整个国内市场,销售额一度超过 5 亿元,市场占有率最高时达 50% 以上,成为浴霸行业名副其实的单品垄断冠军。

2. 冠军之痒

然而,自从友邦搞出了一个创新型的集成吊顶之后,奥普的冠军之位似乎开始动摇了。

无奈之际,在集成吊顶开始成为主流性行业,而浴霸开始成为边缘性行业之后,2006 年 4 月,奥普也不得不进入集成吊顶行业并推出了"1 + N 浴顶"。

"奥普 1 + N 浴顶"的推出,既是宣告了奥普默认了集成吊顶的主流性发展趋势和浴霸的边缘化趋势,但又不甘于浴霸的没落,又不愿意将自己的老大地位拱手让人的心态,使得奥普的 1 + N 浴顶从一推出就注定了将面临众多的调整和困难,昔日的垄断冠军正在遭遇着冠军之痒。

(1)从单一产品到延伸失利。随着企业的壮大和产品技术的成熟,企业

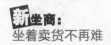

应该从市场的多方面需求考虑,产品发展种类要多而广。而奥普把产品仅仅定位并锁定于使用功能非常单一的浴霸,其市场发展空间有限,对产品的推广和品牌的发展不利。虽然此前奥普尝试过多种业务延伸,包括油烟机等厨卫产品和照明等领域,但均以失败和失利而告终。

(2)从无对手到对手出现。在激烈的市场竞争中,奥普以开拓者的身份跻身于卫浴电器市场的新领域——浴霸市场,充分把握当时消费者需求的同时,抢占先机,开创了浴霸行业,一路领先,成为行业之首。

目前,已经成为浴霸行业老大的奥普企业,最愁的事情是自己所在的行业因失去竞争力而走向没落,一旦一个创新的产品出现,其产品将受到严重的冲击,尤其是颠覆性产品的出现,更能威胁到其产品领航者的地位。

集成吊顶的问世不仅仅是对奥普的一次考验,更是给整个浴霸行业带来了新气象,开拓了新的前景。

3. 多产品延伸的失败之痛

刚开始,奥普的经营理念是集中资源优势,发展高端产品,主要集中在浴霸产业,在当初的战略规划中,这是没有错的。

但是昔日的奥普犯了两个最致命的问题:第一,没有通过垄断者的优势把产品进行升级和创新,一直躺在浴霸这个开创者的功劳簿上睡觉;第二,没有及时把规模优势做起来,只是坐享丰厚的利润。

后期,虽然随着2006年企业在香港上市和资本的扩张,奥普发布了多品牌产品战略,延伸的品牌产品有牙具消毒器、智能电热水器、智能洁身器、油烟机等厨卫产品、照明、卫浴洁具等。但这些产品都未能获得成功,成为了奥普多品牌延伸失败的心中之痛。

随着集成吊顶的问世,奥普没有及时跟进,在后续的跟进中,也是欲说还休的姿态,结果是进一步让自己落后于友邦等颠覆者的前进步伐中。

由此,奥普多产品的延伸战略进一步受到挫伤。

奥普浴霸行业在中国的浴霸行业中引领了将近十年,在这段时期,它改变了中国消费者对浴霸行业的消费观念,但由此也养成了奥普的老大心态和土皇帝情结。正因为如此,在延伸多产品的过程中,奥普最大的问题就是拿着当年做浴霸的老大心态和玩浴霸的游戏规则来玩其他延伸的新产品。殊不知,多少年过去后,行业内外环境均发生了重大变化,同时,再加上产品的创新并未跟上时代的步伐,造成一个品牌独舞时代的结束。集成吊顶以颠覆的理念、颠覆的产品、颠覆的设计、颠覆的渠道,改变了这个行业的游戏规则。

4.冠军的诞生与覆灭

奥普一直引领浴霸行业的发展,并一直占据着其宝座地位,但温室里的花朵终究逃脱不了市场的游戏规则,最终由于产品的理念不能引领行业的前沿而被淘汰。

奥普一直注重自己浴霸的产品质量,集中一个领域发展自己,虽然在其发展过程中也涉及其他品牌的发展,但都未成功,由于其在行业大环境中的创新理念不足,导致产品的滞后,从而出局。

从事单一产品的发展,很容易被更高级的产品所取代,因为任何一个产品都有其生命周期,任何行业都存在着产品的更新换代。

集成吊顶的发明者——友邦的核心团队成员均是完美主义者,对居家文明,对提高消费者生活品质有着宗教般的狂热,对所见到的有着明显缺陷的产品设计恨之入骨,必欲改之而后快。当国内的材质达不到理想中集成吊顶的健康及质感的要求,他们就跑到制造业最发达的德国、意大利去寻找顶尖的合作供应商,同时为了挖掘产品的中国传统文化艺术基因也经常跑到四川、西藏、云南、贵州等少数民族艺术发达的地区。企业对产品的创新和设计有着如此完美的追求,注定造就企业的成功。这样的创新追求,注定了友邦迟早会成为某一个行业和领域的颠覆者和领跑者,集成吊顶就是这

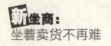

样诞生的。

更重要的是,从OEM代工起家到油烟机、净水器的失败,从集成吊顶的发明到有偿使用发明专利,从开辟全新商业模式到拥有全国1 000多家专卖店,从创新行业发展模式到创新建立集成平台,在集成吊顶从无到有的发展过程中,无不渗透着友邦企业持续不断的创新精神,虽然屡战屡败,但却有着屡败屡战的执著精神,也是这种持续不断的执著精神才使得友邦成为集成吊顶行业的领跑者。

5. 长青冠军背后的战略逻辑

奥普浴霸冠军的没落,友邦集成吊顶冠军的兴起,一正一反,一起一落,长青冠军背后的战略逻辑就清晰可见了。

企业只有不断地、持续地创新,才能在市场竞争中立于不败之地,企业创新能力的提升是企业竞争力提高的标志。创新能力的高低,直接关系到一个企业竞争力的强弱。创新能力强的企业,其竞争力也强,反之亦然。

对于一个企业来说,创新是多方面的,可以是:商业模式的创新、行业模式的创新或者是营销模式的创新。企业生产的产品以及提供的服务是可复制的,但商业模式却是企业独有的。如果商业模式存在致命缺陷,那么无论战略如何完善,管理水平如何提高,计划执行如何认真,企业都注定无法获得预期的成功,所以一个商业模式的创新是至关重要的。

从奥普来看,自从发明了浴霸之后,十多年后还是那个四个灯泡加一个面框的结构,功能还是那些功能,就算没有集成吊顶,被消费者抛弃也是迟早的事情。与此同时,奥普的"闭关锁国"也加速了它在浴霸领域的衰落。

而在集成吊顶行业里,友邦则是秉承马拉松式的创新精神,在战略、商业模式、产品、渠道、品牌、终端上等以颠覆式的模式出现,并整合和集成了LG建材、德国铝业、欧司朗照明、海尔热水器、BNN换气扇等世界一流的冠军品牌,正所谓,集大成,方可以邦天下。

对于一个企业来讲,制定稳定的战略规划是必要的也是必备的,但在制定战略规划时我们要充分考虑各种各样的市场因素、自身因素和产品生命周期,制定战略规划和战略目标,一旦战略目标确定之后,就要实施它、完善它,当周围的市场和环境发生变化的时候,我们要随时正确地升级我们的战略规划。

奥普虽然在浴霸行业蝉联 8 年的冠军地位,其在发展过程中也制定了多品牌产品的战略规划,但随着多品牌产品的失败而告终,最终只集中在浴霸单一品牌上发展,当该产品的生命周期走上终结的时候也是奥普面临出局的时候。

缺乏清晰的产品升级和战略升级,这是奥普的最大问题。

一个企业的发展离不开其战略的规划和实施,在制定好规划后,要坚定信念,不要犹豫不决。因为在战略目标实施上飘移不定是一个企业发展的致命障碍,在市场机制的状态下,不允许一个企业浪费时间、浪费成本来回摇摆,要坚守自己的战略目标,并持续坚持下去。

奥普当年能够把浴霸做成行业的冠军,与友邦能把集成吊顶做成行业冠军一样,都是源于战略的坚守,而奥普曾经的多产品延伸的失败,主要是因为没有坚守战略。一个没有清晰战略的冠军,注定会没落,也注定会被后来者取代。

专家点评二:单项冠军多元化的三大战役

单项冠军是令人羡慕的,在行业王座上坐着,享有行业内利润最丰厚的部分,日子过得顺风顺水,滋润异常。

但凡单项冠军实施多元战略,一般源自两个主要缘由:一是单项冠军有做大做强的梦想;二是竞争格局变化迫使单项冠军多元以求更大发展。烦

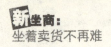

恼却随之而来,顺利实现多元的单项冠军少之又少。

案例中的企业多元化之路的艰难,是很多中国企业多元化道路的典型缩影。从浴霸向橱电、小家电领域的多元发展不顺,再从浴霸向集成吊顶领域多元发展的迟疑与慢进,其中烦恼可谓多重:橱电、小家电、照明等领域已是强手如云,虽然依旧保持着良好的成长空间,但竞争格局业已形成,要在其中占据一席之地,其困难可想而知;集成吊顶虽然是一个新兴行业,依旧处于飞速成长阶段,但其由于迟疑与慢进而始终处于被动地位。

单项冠军选择多元化道路无可厚非,特别对于那些身处行业空间有限的单项冠军,企业要做大做强,多元化延伸几乎是唯一的出路。多元是出路,实际上也是陷阱,一旦不能顺利开展,耗费的不仅是真金白银,更大的损失是时间成本。

单项冠军多元发展能否成功,应该打好三场战役:机会洞察战、品牌延伸战、内部转型战。任何一场战役的失败,可能会导致满盘皆输,并掉进多元化的陷阱。

机会洞察是对单项冠军决策者最大的考验,一方面是对商机的洞察力,另一方面是抓住商机的决心和勇气。对商机的洞察,并非仅仅考虑欲多元的行业是否具备很好的成长性,更要考虑行业内的竞争格局是否已经形成。

多数行业在中国市场都有较为广阔的成长性,但并非是后来者可以把握的。竞争格局形成之后,成长空间多数是给行业内的强势品牌预留的,后来者能够分得一杯羹就应感天谢地了。对于欲求多元发展企业的决策者,行业洞察的核心任务是:应该正确判断这个处于快速成长的行业是否已经进入了行业的集中竞争阶段。一旦行业进入集中阶段,后来者要占据一席之地,实际上机会已经非常小了。案例中的奥普进军橱电、小家电、照明领域不利,就是忽视了行业集中竞争的现实。

当欲进入的领域依旧是一个新兴领域的时候,决策者的勇气和决心是多元发展能否成功最为关键的要素。进入一个行业最佳的时机是行业刚刚具备雏形的时候，虽然行业前景尚不清晰，但是由于竞争格局尚未形成，成为行业领导者之一会容易很多，机会也非常大。在中国市场，一个新兴行业的竞争格局初步形成一般需要5~8年的时间，然后行业进入集中阶段，市场份额开始向几个领导者集中。单项冠军要在新的领域站稳脚跟，决策者要有极大的勇气和决心度过5~8年的成长阶段，同样，这是对决策者耐心和坚持的考验。

品牌延伸对于单项冠军而言，是对整个品牌战略转型的挑战。单项冠军最有力的优势是其在顾客心目中的品牌影响力，很多时候这也会成为最重要的障碍。一个品牌在顾客心中的烙印越深，要延伸到其他领域就越困难。案例中的企业就面临如此困惑，作为浴霸的第一品牌，要延伸到橱电、小家电甚至照明领域的确困难。顾客认为你擅长的是浴霸，做橱电、照明、小家电，你一定不擅长。

方太品牌延伸的成功值得中国企业学习，他们非常关注方太品牌能够涵盖的范畴。抽油烟机品牌向橱电品牌的延伸，橱电品牌向厨房品牌的延伸，每一次延伸都是围绕原有品牌的内涵开始的，通过产品品类的紧密关联性，扩展品牌的外延并重新定义原有品牌内涵，十余年的品牌延伸历程是其品牌战略的重要体现。

如何利用单项冠军已有的品牌影响力，使其品牌资产发挥最大价值，关键在于品牌延伸的领域与原有领域的关联性，即在原有品牌内涵核心的基础上进行品牌延伸，并通过品牌外延的扩展，对品牌内涵的重新定义。因此，一个有很好机遇的行业，如果你的品牌内涵难以涵盖这个行业，向这个行业延伸就一定要谨慎，可能我们的顾客根本就不会买账。单项冠军的品牌延伸，最佳的状况是在原有品牌内涵之下，做品牌外延的延伸。

那么，是否一个非常有机会但超出原有品牌内涵的行业，单项冠军就不能进入呢？事实并非如此，这个时候需要对单项冠军的品牌结构做出战略性调整。多品牌结构是更好的选择，即对多元的新业务采用新业务品牌，原有品牌作为企业品牌进行背书。在品牌运作的时候，应突出的是业务品牌，形成对顾客全新的心智占领，同时又能够较好地利用原有品牌的品牌资产。

案例中的企业向集成吊顶领域多元发展，是由电器领域向建材领域的跨行业拓展。从品牌角度看，是品牌跨行业的延伸，显然原有品牌的内涵难以涵盖建材领域，特别是在集成吊顶行业已经有品牌开始被顾客所熟识的时候，如果品牌延伸要获得客户的认知，自然会受到一定影响。

最后一场战役是最为困难的，也是最容易被忽视的。向新领域多元发展，内部运营是最根本的保障。新领域的运营要求，对于单项冠军而言是对其内部运营的转型。很多单项冠军之所以对此忽略，还是因为他们以往巨大的成功。任何成功的企业都有重要的成功经验，这些经验固然是宝贵的财富，但更多时候会成为难以突破的枷锁。

单项冠军一般都会有"成功情结"，正确对待"成功情结"不是一件容易的事情，多数时候会成为顽固的经验，即过于依赖成功经验，而忽视新业务对运营系统的转型要求。多数时候，单项冠军多元化的内部运营转型，不是有限改良，而是全新的变革。这要求单项冠军的管理者能够抛弃原有的"成功情结"和"顽固经验"，成为真正的变革者。

案例中的企业即需要实现如此变革。原有浴霸的运营方式和集成吊顶的运营方式全然不同，比如，浴霸的终端是产品展示终端，集成吊顶的终端是产品体验终端；浴霸的产品服务是安装服务，集成吊顶的服务是设计、安装为一体的综合服务……看似只是一些运营细节的差异，但这些细节相加就成为运营系统的全面变革。

最后要说的是：对原有资源过于依赖，通常也会成为阻碍内部运营变革的另一个障碍。单项冠军多元化拓展，一旦过于依赖原有资源，会导致多个业务领域依赖单一资源的状况,最终导致这些资源对多元化后的几个业务领域难以支撑。最常见的是:新拓展的业务利用原有渠道资源,让原有经销商成为新业务经销商的重要组成部分,期望快速建立渠道网络。结果却是原有渠道对新业务的不适应,同时又缺乏能力支撑两项业务并行。

"机会洞察战役、品牌延伸战役、内部运营战役",这是任何单项冠军的多元化发展都不可回避的三大战役,并且三大战役的成功是对单项冠军多元化战略的支撑! 任何一项战役的失败,都会导致整个多元化战略的坍塌。

专家点评三:创新的"道""法""术"

市场运作、产品创新、战略转型……企业经营活动中,任何的辉煌都有着成功的内在逻辑;同样的,所有迷茫、停滞、倒退乃至失败,也都存在着相应悖论的支持。

成功和成长是任何企业追求的方向,随着市场竞争愈发的变幻莫测,随着曾经所向披靡的理念和手法变得越来越平淡无奇,随着金融危机让中国的企业面临前所未有的重创,创新成为所有企业关注的焦点,几乎成了破冰立局的最后法宝,而创新型企业也成为各种时髦的企业代名词之后的又一个最具含金量的成功代名词。

1. 创新和创新型企业

奥普浴霸似乎是中国创新型企业的杰出代表,不用高额研发、无须高深技术,用最简单的原理,加上最具实用性的应用型创新,开辟家居建材业一个全新的品类,创新型企业的标签毫无疑义地挂在比大功率灯泡更加光亮的光环之上。

奥普的创新毋庸置疑,但是有创新就是创新型企业吗? ——奥普的近况完美地诠释了这个问题。是创新造就了奥普的辉煌,但也正是因为不具

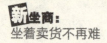

备创新型企业的基因,让奥普陷入了当前的尴尬。创新和创新型企业是完全不同的概念。

创新最能体现在产品的创新上。奥普凭借浴霸这款黑马产品成就单项冠军的骄人业绩,但是追溯到浴霸的诞生初期,虽然目前外界谁都难以找出当初产品诞生的缘由,但是有一点是可以想象到的:聪明的头脑、闪亮的创意、激动人心的点子。很多中国的企业,凭借着这样的创意,成为市场的领跑者。但也正是这个原因让企业不由自主地认为自己就是名副其实的创新型企业。但具有讽刺意味的是,就在企业举杯共庆创新带来的丰厚回报时,却趴在自己原有的创意上不停地啃噬老本,不但再也拿不出更好的创新产品,而且还在鲜花和掌声中变成保守型的企业而不自知。

为什么会这样?因为他们缺乏创新的机制,没有创新机制的企业永远成为不了真正的创新型企业,以创新为起点的企业,再也找不到当初的灵感,哪怕他已经是单项的冠军。

中国的企业注重创新,但确实普遍缺乏对创新的机制培养。只有点子,没有机制的企业注定只能是昙花一现。业绩的下滑是必然的结果,一旦产品的生命周期开始下滑,而企业没有创新的机制去造就一个又一个伟大的产品,那么企业的经营也就只能随着产品的生命周期不断地下滑。

国外有依靠一轮又一轮创新而持续的百年企业,而中国却没有,中国有的是一个一个的金点子,中国的企业喜欢习惯性地把点子和创新画等号。"掌门人"苦苦地思索,靠直觉进行创新,或是一群职业经理人,靠着同样不严谨的想象和研究进行创新,殊不知创新是需要一套非常严谨的机制来贯穿的。要有企业上下一致的创新理念,要有科学合理的创新调研方法和手段,要有贯穿企业整体的支持创新的流程,要有确保创新的组织设计和激励机制,当然也需要企业对创新工作的耐心和宽容,有了这些,才能够成为真正意义上的创新型企业。企业一旦成为一个培育创新的孵化器,具备了创

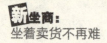

110

新的机制,具体的创新一定会源源不断地支持着企业不断向前。

2. 创新的硬功夫——创新推广力

虽然很多企业不具备创新的机制,但是中国企业向来不缺乏点子式的创新。中国的企业家很多也是创新的实践者和思考者。但是一旦企业有了规模,成为流程复杂、机构众多的庞大组织之后,就会产生强大的惯性。而这种惯性往往就会成为企业变革、推动创新过程中的巨大阻力。

这在奥普的案例中也得到了充分印证。在奥普上市成功融资后,实质上也进行了诸多的尝试,但是由于种种原因都没有成功,最终黯然淡出。

成功的创新和创意,在绝大多数情况下都会变成虎头蛇尾的一声叹息。相信每一个创新启动的时候都是无比的激动人心,上下一心,众志成城。宣誓会成为最振奋的里程碑;同样的宣誓会也成了开始走向平淡的里程碑。

好的开头固然重要,但是创新是一个过程,绝不是一个末了的节点。要把创新推向成功,推出实效,真正的功夫是在执行——推动创新,推向结果。

创新的推动是个寂寞的过程,也是一个充满争议和压力的过程。"出师未捷身先死,长使英雄泪满襟"的诗句,一定能够拨动诸多创新推动者的心弦。

当然,机制是非常重要的一个方面,另外更加重要的是需要企业在创新本身还没有带来效益之前的坚持和信念。企业的经营应该是理性的,但对于创新,只要方向正确,往往最终是能够看到黎明日出的。

3. 创新步伐——多元化创新尺度

在奥普的多元化创新过程中,我们也注意到奥普涉足了诸多的领域,油烟机、燃气灶、电磁炉、家居照明、电饭煲、换气扇……可以想象,如此诸多的业务需要消耗企业巨大的资源,哪怕是上市公司,哪怕具有再多的融资渠道,对于任何一个市场而言,企业的资源总是稀缺的。实质上,奥普进入的任何一个行业都有巨大的份额,只要成功,任何一个行业都能成为和浴霸并

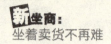

驾齐驱的业务单元,但都事与愿违。

多元化的过程就是创新的过程。一个企业究竟能在一个特定的时间段内启动多少创新项目?这是个值得深思的话题。虽然各个企业境况不同,答案也各不相同,但是有一个原则是一定的。资源的聚焦是成功的保障。特别是对于创新。一旦投入不足,完全可能造成失败、失利、流产、夭折的结果。因此,创新的成功受限于资源。在奥普的案例中,我们看到的更多的是创新的尺度。尺度决定力度,力度决定结果。

从开放的角度来说,创意绝对应该是越多越好,但是实际付诸实施的创新项目(我们姑且称之为项目)一定不是多多益善。个中的道理非常的简单。

为了创新的成果而有条件地限制,也是企业在资源有限的前提下的重要理念。每一个创新项目的投入都会减少另外一个创新项目的边际收益。大量创新项目的盲目上马,只能是减少每一个项目的成功几率,这不仅仅是扼杀创新,而是在透支企业的创新力。

创新是一门学问,仔细想来却很难将其归类到哪一门学科。这就为我们的创新带来诸多的困难,困难就在于没有理论化、体系化和方法论的支持。所有的企业包括国外优秀的企业,都只是在尝试和摸索,区别只是经验的多寡而已。对于中国企业形势则更加严峻。尽管如此,有一点我们还是可以庆幸的,那就是创新本身的内在逻辑是可以把握和研究的。中国企业是善于寻找和把握规律的,"万变不离其宗"的思考理念让中国的企业有机会在更快的时间内掌握国外企业积淀了几十年甚至上百年的精髓,并且发扬光大。对于创新这个大课题也是一样,越是扑朔迷离,越是难以把握,就越是中国企业展现智慧的舞台。只要抓住了创新内在的逻辑,就能够把握住纷繁芜杂中的那个"宗"。中国企业在未来一定会成为全世界最具创新能力和实力的组织群体。因为我们善于寻找规律,善于探索适合中国文化的创新逻辑。

二、关键路径

牵一发而动全身：

找到制胜关键路径，好好做，持续做，坚持做。

对于新坐商来说，就是快开店、多开店、开大店、开好店，除此别无他法。

📖 首店开大店、二店开好店

📖 案例：生态家——小店开成好店，好店释放大能量

生态家门店

2007 年以来，一个新的品牌开始频繁地出现在人们的视野中，并且越来越受到行业的关注，那就是 ECOH 生态家——中国最大的环保、生态产品运

营商,它的店铺坐落在上海、北京等城市最核心的商圈,开一家店火一家店。有人评价说:生态家可能比屈臣氏更有发展远景与消费感召力。人们对ECOH生态家的关注不仅是因为它创新并引领了一个新兴市场——生态环保家庭用品领域,更重要的是带来了一次生活方式的变革。

ECOH是"Ecological Home"的组合缩写,与中文"生态家"一样,表达了ECOH生态家的基本理念,即带给消费者"天然、有机、环保、健康"的家庭生活产品。天然是现代人消费的追求,有机是成功人士和前卫人群的享受,环保是都市人群事业的支撑,健康是大众消费者最实在、最贴心的呵护。用ECOH生态家CEO林翰的话说:"我们不是一个零售企业,而是一个贩卖新生活方式的公司。"

"纯天然生活品店"在中国和世界无疑是一个创新元素,"生态家"把"纯天然生活"这样一个抽象概念物化成了有形的"环保时尚生活店",通过整合全球资源,设计、集成了几千种非常独特、有趣、有情调的家庭生活产品。这些产品时尚、简约、自然、环保,代表了未来生活的趋势与环保主张。

在中国市场,生态与环保产品行业极度弱小,消费市场基本空白,渗透率、普及率不到1%,没有行业龙头企业与强势品牌,而以连锁经营为商业业态的规模化品牌公司更没有形成。巨大的商业机会引来了创新者与掠食者——ECOH生态家。仅仅一年的时间,生态家就快速完成了从产品创新、商业模式构建到旗舰店的打造,其创立的"ECOH生态家纯天然生活品店"开始了上海、北京等一线城市的规模扩张之旅。

翻开生态家的战略规划书,你会清晰地发现它的战略选择与价值主张。"专注于天然、有机、环保、健康的家庭生活产品领域,以天然家庭用品为突破口,引领天然、生态产品领域的新兴市场,填补城市家庭日益扩大的对绿色、环保、无污染、有机产品的市场需求与空间。致力于时尚、环保理念与家庭日常消费行为融合,通过全球资源的'整合、嫁接、创新'和首创的'纯天然生活品时尚环保概念店'的平台搭建,推动人与自然和谐、可持续发展的新生活方式。"

2007 年 4 月,生态家的第一家纯天然生活品店在北京世贸天阶开幕,很快就成为北京"乐活"生活的风向标。"生态家"倡导的新生活方式,迅速迎合与满足了一部分高知、富裕人群的内在需求:"更多""更便宜"已经落伍,"更好""更健康"的产品需求日益成为消费主流。

ECOH 生态家建设新集成销售平台,使门店经营内涵发生变革,复合经营与综合销售手段成为主导:门店零售:电子商务:礼品定制销售额占比为 60%∶10%∶30%。

一种有效的商业模式如果相对于竞争对手不具有持久性,就不能给企业带来优于竞争对手的盈利和市场份额。ECOH 生态家为此不惜在信息化后台管理方面投入血本,斥巨资建设电子商务与中国天然礼品速递网,建立中国最大的天然家庭产品电子商务及礼品平台和会员制目录网络,鼓励与引导实体店铺的会员实施网上购物,享受 10% 甚至更多折扣;重点发展"天然礼品全国网络定制与速递"业务的电子商务市场,并确立领导地位——"ECOH 生态家,天然礼品全国速递网",依托于遍布全国的连锁网络实施速递与服务,成为中国最大的网上天然礼品定制商、供应商、品牌运营商。

其中的意义有两个:一是对商业模式运作的能力要求较高,竞争对手不易模仿,甚至即使模仿,也不会被市场认可;二是不断深化商业模式,提高模仿的门槛,增加模仿的难度,树立动态的模仿壁垒。

生态家的新商业模式和 5 大优势,令经销商心动。

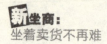

（1）行业优势。巨大的空白市场需求，是面对中产阶级家庭的新生活方式的选择。

（2）竞争优势。纯天然生活品领域是生态家创立的，我们目前是行业的第一人，更是领导者，在一两年间处于垄断地位，垄断和稀缺才产生更多利润。

（3）产品优势。生态家的全部产品均遵循取自天然、安全无毒、无刺激、可降解回收的理念，同时在保有天然质朴的前提下，做到时尚化。

（4）无经营风险。我们采用新的商业模式：门店＋网络＋目录＋礼品，是对传统商业的变革和创新，50％的销量会来自店铺零售之外，这就降低了零售的风险，从而增加了持久的利润源。

（5）管理优势。我们输出的不仅是品牌、商业模式、系列产品，更注重店面运营过程中的先进管理体系的建立与输出，使运营效率更高，从而保证获得更高的效益。

目前，锐意进取的 ECOH 生态家已经宣布将完善品牌集成的连锁店铺的基础打造，并在较短时间内快速规模化。生态家网络将覆盖中国主要市场。

聚焦于"纯天然生活品店"的品牌集成式连锁经营体系建设及新商业模式构建，生态家开始了针对中国先行的环保主义者的"绿生活"运动。

ECOH 生态家门店

大城市开多店、小城市开大店

大城市开多店,小城市开大店,比如在省会城市开店,中心地段租金奇高,拿下一块店面实属不易,即便开了一家,也很难对整个城区形成覆盖,不足以进一步扩大市场。此时可以根据商圈和社区分布,选择在次中心的黄金地段增加店铺数量,一可以增加网点分布,抢占市场;二可以降低开店成本,还可以平摊经营管理费用。地市级以下市场,城市商圈相对集中,租金也相对低廉,中心地段的店面成为各个品牌争夺的焦点。如果形象、面积差别不大,就很容易被其他品牌淹没。因此,大的旗舰店成为有效区隔对手、树立竞争优势的最好手段。

案例:罗莱的"四店"营销

罗莱在学习和借鉴百丽、达芙妮、美特斯邦威等相关行业品牌经验的基础上,结合家纺行业规律和自身发展特点,总结出适应未来竞争的渠道模式和扩张路径,把快开店、多开店、开大店、开好店四店营销模式演绎到极致,从而一举奠定了家纺行业老大的位置,也由此成为中国专业床品第一家。

在新一轮大规模的跑马圈地式的扩张中,不少家纺企业通过争夺实力加盟商和优势店面资源抢先占位,加快国内市场布局,竞争也越发激烈。

另一方面,由于缺乏有效的专卖运营管理体系和专业化销售队伍,过快的扩张使得各地专卖店连而不锁,无法持续生存发展,一系列的问题和矛盾开始凸显出来。

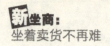

（1）短期利益驱使连锁加盟成为部分厂家的圈钱工具，客户利益得不到保障。

（2）总部缺乏系统有效的人员培训和运营指导，开店成活率不高，经营压力越来越大。

（3）诚信缺失、利益纠葛导致厂商之间矛盾加剧，加盟商忠诚度日益下降、信心受挫。

而从 2005 年开始阶段性领跑行业的罗莱家纺，却丝毫没有放慢步伐，当其他品牌因为各种问题导致渠道开拓受阻、放慢脚步的时候，罗莱却以平均两天一家店的速度快速扩张，到 2008 年，网点已迅速增至1 300 多家。

面对家纺渠道终端资源掠夺型的竞争态势，罗莱将通过怎样的策略来有效地化解快速发展过程中面临的问题？

1. 重新定义渠道价值

对于罗莱来说，与其说是品牌取胜，还不如说是渠道制胜。

在这点上，罗莱重新定义了家纺渠道的价值。

加盟连锁其核心就在于一种新型价值链的打造，双方在资源互换的基础上实现利益最大化，是一种基于共同愿景、目标和价值观的新型厂商关系。

许多企业在拓市之初，招商心切，恨不得把加盟商当亲人对待，百般允诺，一旦加盟之后则不闻不问，听任其像断了线的风筝，这也是大多企业持续扩张受阻的原因。

只有将与加盟商的合作提升到战略的高度，真正建立起互惠互利的长期伙伴式合作关系，加盟连锁渠道才能实现真正的连锁，才能依靠渠道实现市场的有序扩张。

罗莱视加盟商为伙伴，伙伴即志同道合的人。因为是伙伴，才可以与之建立起平等、互利、双赢的合作关系；因为是伙伴，才会将心比心，设身处地做好服务……

这种朴素的价值观使得罗莱在加盟商中建立了诚信、负责任的大品牌形象，这帮助其网罗了一大批高含金量的优质客户，这些客户成为了罗莱这棵参天大树的重要根系。

同时，这一价值观也渗透企业日常经营管理工作的方方面面。

例如，罗莱将一批拥有经营业绩和管理经验的加盟商聚集到一起组成企业大客户俱乐部，参与公司日常经营策略的制定，有效地凝聚了渠道核心成员的向心力。每年的"罗莱人生"大客户论坛，罗莱还会邀请成功加盟伙伴上台分享经营案例和心得体会，从而帮助更多的伙伴成就自己的事业等。

其次，强化渠道服务功能，帮助加盟商做强终端。

扩张之道，既要圈地，还要养马，怎样才能确保加盟商持续获利？怎样才能巩固、强化与渠道商的关系？除了在目标和理念上加以引导以外，还需要提供明确的步骤和方法。只有建立强大的终端运营能力，前期快速扩张积累的渠道势能才能转化成产品销售的动能。

罗莱敏锐地发现许多家纺企业在连锁扩张中暴露出的问题，并着力加以完善和解决。

第一，打造职业化的销售队伍。一方面引入外部培训机构对销售人员进行系统专业的培训；另一方面，强化内部培训机能，组建自己的培训中心，引入内聘讲师制度，聘请具有丰富市场经验的片区经理任职讲师。

第二，提升单店赢利能力。产品结构、店面形象、导购技巧、会员管理、特价活动、库存管理、团购管理是终端七要素，帮助加盟商分析、解决终端销售中遇到的实际问题，真正做到有的放矢，快速提升单店销量。

第三，强化后台运营系统建设。与国内知名 IT 企业合作导入 ERP 系

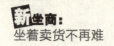

统,在罗莱总部和加盟店之间实现信息化管理,实现"全国一盘棋"。

经过一系列动作,罗莱凭借前期渠道扩张积累的网点优势,构建了基于客户价值基础的终端运营体系,从家纺行业单一的渠道纷争中成功突围,并让自己的优势渠道竞争力得到充分地释放、聚焦和最强化。

2."四店营销"释放渠道价值

中国市场幅员广阔,渠道的复杂性和多元性决定了家纺这类对终端高依存度的产品要实现全国性覆盖是件不容易的事情。这也意味着家纺企业需要通过全面拓展渠道、开更多的店才能将产品送达消费者。同时,在家纺业战国纷争、区域为王的市场格局下,立志成为全国性品牌的罗莱又是怎样通过制定有效的策略,跨越强势品牌的地方封锁,实现自己的战略布局的呢?

此时,国内家纺品牌通过第一轮大规模扩张,加盟网点已经基本覆盖到国内的主要大中城市,尤其在经济相对富裕的地市级城市几乎都有家纺店面,并占据了主要地段,进一步拓展的空间似乎很小。如何做大、做透区域市场,扩大竞争优势,成为摆在罗莱和加盟商面前的一道难题。

而另一方面,许多加盟商在当地开出一家店后,觉得业绩还可以,开始不思进取,小富即安或休养生息,错过了进一步扩大市场的良机。厂家寄希望于加盟商,希望其帮助自己实现战略扩张的企图眼看化为泡影,怎么办?

家纺二次扩张的机遇摆在面前,就看你能否快速做出反应。行业领先者需要与跟随者不一样的胆识和作为。

罗莱在学习和借鉴百丽、达芙妮、美特斯邦威等外行业品牌经验的基础上,结合家纺行业规律和自身发展特点,总结出适应未来竞争的渠道模式和扩张路径,那就是快开店、多开店、开大店、开好店。

中国市场从来不缺的就是机会,缺少的是发现机会并将机会变成现实的能力。

2005—2006年,罗莱一方面在继续加大渠道扩张力度,强化终端运营能力;另一方面,面对国内家纺渠道结构性机会,积极进行渠道深耕和结构优化。

到2008年,罗莱已经形成覆盖全国大中城市,拥有1 300多家专卖店、店中店的强大网络,巩固了其在渠道上的领先优势和终端的强势地位。

截止到2009年10月,罗莱全国的终端门店已达到了1 500家,真正达到了有效覆盖全国主要消费区域和城市,它将借助专业床品第一家的优秀融资平台,投入约3亿元进一步巩固和强化这种四店营销模式,使罗莱朝着家纺全球品牌运营商的目标迈进。

罗莱家纺终端门店

商超快开店、专卖多开店

近年来,国内中高档百货商场零售重新崛起,越来越成为消费品塑造品牌、实现销量的高端阵地。即使是那些一直以来走专卖路线的品牌也重新认识到百货渠道对于未来市场的战略性地位,开始回归百货渠道,开设店中

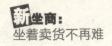

店和专柜。

品牌在连锁专卖发展到一定阶段时,对专卖店资源的掠夺式占领使得给予各品牌的发展空间越来越小,走"商超 + 专卖"的复合业态成为必由之路。商超更多的是作为跑量和网点有效覆盖的实现,而专卖则更多体现了品牌的形象与消费者的互动营销。

以往走专卖店业态的区域加盟商,在现有渠道饱和,增长困难的情况下,可以尝试进入百货商超,而走传统商超的加盟商可将发展专卖店作为下一步工作之重。

通过百货商超做客流、做销量,通过专卖店做形象、做利润,能最大限度地发挥不同店面终端的产出效率。

案例:欧派橱柜锁定第一

广州欧派橱柜特许加盟连锁目前发展迅速,拥有一套科学完整、成熟规范的加盟连锁管理制度,其运作方式灵活,并以专业化渠道、跨行业合作、网络化信息管理系统和强大的品牌加盟支持等因素构成的本土优势,抗衡国外建材巨头。

专业渠道成就橱柜第一品牌,欧派通过自己投资和经销商特许加盟连锁专卖店极力打造自己的专业渠道,这样做好处包括:一是市场扩张的可控性强,有效降低了进驻大型商场费用;二是可通过专业渠道对品牌进行有效管理,避免在品牌扩张过程中品牌形象遭受不确定因素的伤害。目前,欧派的这种专业渠道,给欧派的品牌扩张和产品销量带来了巨大的收获,品牌知名度和美誉度都处于行业领先地位。欧派橱柜品牌已经成为国内橱柜行业的第一品牌。

优惠的加盟支持,加快了品牌扩张步伐。加盟欧派的特许连锁的要求比较严格,但欧派给加盟商也提供了很优惠的加盟支持:欧派橱柜信誉卓越的、不断升值发展的品牌优势;高性价比、利润空间较大的欧派橱柜产品;全计算机网络化的管理信息系统,免费商场布局设计,整体店面设计利用现成的装修模板,省时省力,节约投入,使经营快速启动,并实行商场标准化管理模式;区域保护,避免多家经营,突出竞争优势,确保优良效益;共享公司总部大规模采购的低价格优势,降低成本,保证货源及品质;提供完整的职员培训系统及持续不断的新技术开发成果和售后服务;央视一、三套黄金时段广告及全国强势媒体广告支持。

"大力发展特许加盟连锁,维持4:1这个特许加盟与直接投资的比例,把利润让给经销商。都是赚钱,给经销商赚钱可以帮助我们节省资源,简化管理,把精力用到对经销商的管理和支持上来。"欧派董事长姚良松介绍说。

"我们计划打造千个百万富豪级别的欧派橱柜加盟连锁商,为投资者创造创富机会,同时,也不断增强欧派的品牌影响力和凝聚力,并最终提升欧派橱柜品牌的竞争力。"欧派加快了加盟商资格的审批速度,进一步增强了特许加盟连锁这艘航空母舰的战斗力。

对于特许加盟的条件,一些欧派的加盟商认为,这样的要求比较高,会影响到品牌扩张的速度。而欧派董事长姚良松则认为,对加盟商要求高的目的是保护品牌,欧派不会为了眼前的利益而放弃整个品牌,而去选择一些有可能伤害到品牌形象的加盟商。欧派搞特许加盟连锁是要做品牌,保证"双赢"。

欧派的战略蓝图,是从单纯生产橱柜升级为集厨电、卫浴、衣橱、建材于一体的泛家居综合体。从2008年3月开始,随着一个被业界称之为蝶变的"新巅峰计划"进入实际操作阶段,欧派整体家居舰群逐渐呈现在世人面前。"新巅峰计划"又被称为"欧派全面建设名牌体系三年战略规划",其核心是以国际品牌企业为参照坐标,从产业、制造、营销角度全面建设品牌管理体系,从而实现由单一产品生产向集团化运营的蝶变。

欧派的加盟连锁店

直营开大店开好店、加盟快开店多开店

企业在发展初期,资金人力缺乏,通过加盟连锁的方式大力发展加盟商,实现全国市场的布局,也帮助企业完成了初期的发展,但是与行业快速成长形成巨大落差的却是品牌集中度低、规模普遍不大。急速扩张的要求促使企业需要打破原来的模式。

同时,单一的加盟模式在快速推动企业战略布局、做大区域市场等方面明显力不从心,甚至在有些市场,加盟商长期独占当地经销资源,却无心作为,白白浪费了开拓市场的大好机会。

出于企业战略发展的考虑,有些制高点市场需要通过公司直营的方式操作,比如上海,国内众多中高端品牌都将上海当做必争之地,拿下上海对于全国市场开拓也具有举足轻重的地位。运作此类市场意味着高昂的进入成本和庞大的市场推广费用,单个加盟商肯定无法承受,因而需要总部直接运作。另外,有些重要的省会市场,加盟商无能为力或经营不善,也需要总部果断决策,接手由公司直营。

正是在这样的行业发展态势下,很多连锁企业果断地在上海、北京、重庆、武汉等投资建立直营店,以1家大店＋N家好店的形式实现有效覆盖,而对于加盟区域,则针对加盟商实行单店授权＋单区授权相结合,促使他们快开店多店,如美特斯邦威。

案例:美特斯邦威,不走寻常路

10年之间,美特斯邦威集团董事长兼总裁周成建领导自己的企业,在竞争激烈的中国服装行业独辟蹊径,成长为年产值超过100亿元的休闲服行业龙头企业,更开创了中国服装业一种新业态——"虚拟经营",成为管理学界争相研究的"现象",也是业内公认未来有机会与国际服装巨头一较高下的少数几家国内服装企业之一。

"不走寻常路"是美特斯邦威的广告语,周成建和美特斯邦威的15年,也正是这样一条不寻常之路。

取名"美特斯邦威",周成建曾煞费苦心,"刚开始也没想到有国际化这一天,只是想起个洋气点的名字"。现在,他逢人便阐释美特斯邦威的含义:创造美丽独特的产品、品牌、企业文化,扬国邦之威。

当业内专家和企业老总们还在争论OEM对于中国服装企业是利是弊的时候,美特斯邦威的创始人周成建早已在"虚拟经营"的道路上发足狂奔。

1995年,靠开办服装厂赚取第一桶金的浙江商人周成建就受到这样一个问题的困扰:市场上类似于自己产品的成衣,在贴上著名商标之后,价格立马成倍提高。拥有自主服装品牌的梦想由此在他心中扎根。美特斯邦威由此开始长达15年之久的"虚拟经营"之路。

125

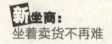

美特斯邦威"借鸡生蛋(OEM代工)、借网捕鱼(特许加盟)",即选择厂家将生产外包,借助特许经营搭建销售网络,集中优势资源打造设计、品牌等价值链的核心环节。

"所谓的虚拟企业是指,在有限的资源背景下,为了取得竞争中的优势,企业在组织上突破有形的界限,仅保留企业中最关键的功能,如知识、技术等,而将其他的功能虚拟化,以高效率地发挥企业有限的资源优势,进而创造企业的优势。"东北大学管理工程学院教授吴昌伦指出。

如同美国耐克公司一样,美特斯邦威采取了这种被称作"哑铃式结构"的虚拟经营模式:把产品交给了劳动力价格和成本更低、更利于运输与销售的专业企业生产,把产品销售交给了各地经销商,自己则将全部精力用于设计产品与开拓市场。

如今与美特斯邦威合作的生产厂家有300多家,这些企业具有庞大的生产能力,美特斯邦威在全国的专卖店已达3 000多家,除去很少部分直营店外,其余都是特许连锁经营专卖店。

美特斯邦威整合了以长三角和珠三角为中心的300多家生产厂家进行定牌生产,通过对生产过程的严格把关和对最终成品的严格检验确保产品优质。

美特斯邦威把主要精力放在经营品牌上,后又把借助外力的模式也用到销售环节,采取特许连锁经营策略,加盟商与公司"共担风险、实现双赢",所有加盟店实行"复制式"管理。1995年5月,第一家专卖店开业后,美特斯邦威的加盟店数量每年以几何级数增长。

现在,美特斯邦威已经是由加工厂的ERP、内部的管理系统和专卖店的信息系统三个系统构成的"虚拟企业",集团所有专卖店均已纳入这套内部计算机网络。总部能随时查阅每个专卖店的销售业绩,快速、全面、准确地掌握各种进、销、存数据,进行经营分析,及时做出促销、配货、调货的经营决策。"一张订单的处理周期原来要 10 天,现在只要两三天。"周成建说,"速度比时尚更重要。"

周成建把过去 15 年美特斯邦威取得的成绩和发展空间归结于业务模式和管理模式的创新,他坦承,和年销售额高达数十亿美元的国际服装品牌相比,美特斯邦威还有巨大的差距。"下一阶段我们要做的是资本结构创新,引入国际资本和资源为我所用。"

美特斯邦威年报显示,2009 年年底,其店铺数已达到 2 863 家,较上市前的 2007 年年末增加了 36%。除了店铺数量的增加外,公司店铺规模也不断扩大,500 平方米以上的大店已超过 300 家,较 2007 年年末有较大增长。

2009 年上半年,受市场环境影响,美特斯邦威加盟市场增长放缓,加盟商的投入减少,加盟市场增长低于预期。

美特斯邦威专卖店

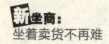

　　不过,周成建并未感觉寒意无法抵挡,这些情况,反而坚定了他的想法,即坚持核心城市直营为主、非核心城市加盟为辅,直营与加盟相结合的经营模式。而在这样的定位下,美特斯邦威营销网络拓展的行动还将继续。

三、聚焦法则

建立样板有力量

样板市场,曾一度成为企业招商引资的"镇山宝",更是连锁经营的"卒先锋"。

1.过河要不要石头?

事实上,样板市场的意义,可能并不在于其市场本身效果的好坏,而在于能否快速有效地得到复制和创新,并移植到其他地区。企业需要它带来连锁性的、可持续的经济效益,以便以最低风险实现企业的营销业绩。

除非企业本身有足够的资源支撑营销业绩顺利实现,或者有足够的承受业绩挫败的风险,一般的企业都会先试探性地寻求一些突破口,试行成功后再开始复制和推广。这样既考虑了企业风险成本,也考虑了承受底限。只要操作得当,在一定时期内,企业是能够顺利实现其营销目标的。

而突破的关键就是样板市场。样板市场的作用不可小觑。

(1)投石问路,规避风险。每一次业绩实现,对于企业来说,都是利益再分配,不可避免地带着"斗争"色彩,难度之大可想而知。因此,众多企业就把样板市场作为营销业绩的首选方式。一方面探路,另一方面规避风险。成功,就推广;失败,则权当"试水"了。

(2)集中聚焦,各个击破。这是样板聚焦难点重点问题、进行集中发力的体现。营销,就会带来非人为、非预料的状况,这些都会在样板市场中或多或少地体现出来。企业可以有针对性地在小范围内进行处理和解决,有利于各个击破,为以后的复制和推广扫清障碍。

(3)以点带面,星火燎原。样板市场最根本的作用就是作为一个点,带动整个企业营销业绩顺利实现。

(4)进退由机,攻守自如。营销,牵涉企业内外等各个方面,需要企业在作出选择时就考虑到各种得与失,因此,必须的底线和退路设置,就成为样板市场的应有之义。

2. 石头在哪里?

那么,到哪里找样板市场这么一个突破口呢? 样板市场的选择和界定,是否有一定的标准和特点可寻,以使营销业绩少走弯路,少犯错误?

(1)样板市场的可控性。企业必须对样板市场有足够的控制力和监管力。这样,企业才可能使样板市场朝着企业变革的真正目标前进,不会走偏走错。

(2)样板市场的可行性。样板市场应能够与企业的经营、营销和技术力量支持相匹配,能够率先试行新制度、新政策,能够随时进行成败总结分析,还能提供进一步的解决方案。

(3)样板市场的可复制性。首先,样板市场要具有最大范围内的典型性和代表性,包括市场、人员、顾客、结构等,只有这样,营销才有可能顺利推行;其次,企业营销业绩中可能出现的典型问题和关键问题都必须能够在样板市场中出现征兆。

由此可见,选择样板市场时,一定要注意它的标准和特性。

3. 怎么过河?

(1)目标和定位。从样板市场的目标看,最根本的无非就是复制和推广其成功经验,克服其不足,以期顺利实现企业营销业绩。但在现实操作中,我们必须明白我们选择和操作的样板市场目标(包括阶段性目标)是什么?

是实现营销体制的顺利嫁接,还是分销模式的成功转型? 我们的定位(包括阶段性定位)是什么? 是变革先驱还是改革试点? 是体制探索还是模式推广? 有了明确的定位,我们才能对样板市场的操作做到有的放矢。

(2)策略与方法。"战略上偏执,方法上中庸。"柳传志先生的话很深刻,正好用来诠释营销业绩的策略。

我们说,变革的战略是不能轻易改变或调整的,但在具体策略和方法上,则可因时而动,原则是不偏离总体目标与定位。实际上,样板市场一旦确定,关键工作就是如何根据实际灵活处理焦点和矛盾。

(3)执行与管理。有人说,企业的经营与管理,就像人的左右腿。光有经营,企业最多前进两三步;光有管理也一样,再好的营销业绩方案,如果没有与之相匹配的执行与管理,最终此方案非夭折即短命。

所以我们说,首先要知道"石头在哪里",找到"石头",才可能"顺利过河"。"石头"太大,搬不动;"石头"太小,又垫不了脚,都无法实现我们的"过河梦"。当然,这其中还少不了要掌握如何过河的策略和战术,才能真正实现样板的示范力量和榜样力量。

伤其十指不如断其一指

毛泽东同志曾说,对敌作战,"伤其十指,不如断其一指"。意思是说,打伤十个敌人,不如消灭一个敌人。消灭一个敌人,敌人就少一个;而打伤十个敌人,他们恢复后还是你的对手,威胁着你的安全。

打"歼灭战"是毛泽东的拿手好戏。在敌强我弱的情况下,和敌人硬拼就如同乞丐和龙王比宝,"击溃战,对于雄厚之敌不是基本上决定胜负的东西。而歼灭战,则对任何敌人都立即起了重大影响。"击溃敌人,即使有可能把敌人打跑了,但敌人的有生力量还存在,他就会重新反扑过来,对我们仍然是威胁。歼灭战则是把敌人全部消灭或俘虏，一个也不能让他跑了。这样，哪怕歼灭的是很少的一部分敌人，敌人的力量也会因之削弱了一部分。所以毛泽东说："对于人，伤其十指不如断其一指；对于敌，击溃其十个师不如歼灭其一个师。"

要歼灭敌人，就必须在兵力上占绝对优势。在敌强我弱的情况下，只能是一部分一部分地歼灭。贪多则削弱兵力，兵力不够，则不能达到歼灭敌人的目的。所以说，打歼灭战和集中优势兵力各个击破敌人在某种意义上是一回事。

同样是歼灭战，第一次反"围剿"时，毛泽东采取诱敌深入的办法，把孤军冒进的敌人引入预先设置好的口袋，等敌人一钻进去，就把口袋扎起来，然后才狠狠地打击敌人。龙冈战斗就是这样全歼了张辉瓒的所谓"铁军师"。歼灭战还可以是"关门打狗"，比如辽沈战役先打锦州，切断了东北通向关内的通道，利用东北特殊的地形，把敌人关在门内，逐个解决。

打歼灭战还可以采取其他多种形式，但其基本要求却离不开以下几点。

地形：最好是较为复杂的山区。如井冈山区、黄土高原等。平原则困难较大。

战术：集中优势兵力，迂回包围。

用兵：集中的原则。

指挥：集中指挥。

1947年1月25日，毛泽东在给晋察冀军区的电报中总结了打大歼灭战的两个条件。

(1)以小小兵力钳制敌之其他部分，集中绝对优势兵力，打一个敌人，决不同时打两个敌人，也不可将很多兵力用于钳制方面。

(2)以一部打正面，以主力打迂回，决不可以主力打正面，以一部打迂回。并要求晋察冀军区照此要求，对照过去的经验，打几次大歼灭战。打大歼灭战主要是兵力部署和战术问题，这两个问题解决了，打大歼灭战是没有什么问题的。解放战争时期,处处都在打歼灭战,包括三大战役,也是采用打歼灭战的方针。所以说,在敌弱我强的情况下,歼灭战完全可以在战略决战中作为战术发挥其威力。歼灭战在阵地战中表现为彻底、干净、全部消灭敌人。

案例:85 度 C 靠什么盈利?

85 度 C 靠什么能够实现单店的盈利提升?靠什么增加与消费者的黏性互动?靠什么能够在我国内地迅速崛起?

当传统的面包房势微之时,一个新的面包"怪物"出现了——85 度 C。

来自《经济观察报》的数据显示:"这家来自中国台湾的被冠以'打败星巴克'美名的咖啡、蛋糕、烘焙专卖店,以最低价 8 元打造'平价咖啡'概念,通过毛利 55% 的'吃'拉动了毛利 65% 的'喝',在我国台湾一举击败了星巴克。截至 2009 年 7 月,不到六年的时间,已拥在全球包括我国的台湾和我国内地、澳洲、美国等开设近 400 家分店,年营业收入超过 15 亿元。"

所有新生力量的崛起,都有因可查。当传统市场被一个新的服务和产品形态改变之时,一定是它被赋予、注入了新的消费价值,而这个新价值是消费者内心中的渴望。由此,"磁场法则"开始重新改变消费者引力的方向。

对于 85 度 C 这样的店面来说,如果没有独特的武器,想在我国内地市场一帆风顺是不可能的。那么 85 度 C 的盈利秘密是什么呢?

1. 擅用活营销

营销虽然就是在围绕 4P 做文章,但是能把 4P 玩得深、玩得转的人却很少。营销不是书本上那些死理论,营销需要在一线的市场中不断地总结才能在市场上赢得精彩。在 85 度 C 进入我国内地之前,已经有了连锁的星巴克、面包新语、克里斯汀这样的快消店大佬,面对速食快消这块战场,85 度 C

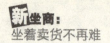
避开了和咖啡连锁店的正面竞争,在开店的准备期就给店定准了位置:五星标准的平价销售模式,并将主要的消费人群锁定在25～35岁的年轻人,主力产品定位在面包和咖啡。这样的定位直接切入了连锁咖啡店和面包点心店的死角,同时,由于经营产品及定位的不同,也避免了这些潜在竞争对手的模仿跟进。为了能够从替代性产品的竞争对手手中抢到更多的客源,85度C也选择了24小时营业来聚集更多的人气。

2. 选择好地段

对于任何开店的商家来说,选择好的地段就等于成功了一半,好的地段成本很高,但是客流量也会很高,这样生意成功的可能性也会更大一点。对于开店来说,如果资金允许还是应该选择旺地,这样生意才会慢慢旺起来。85度C显然很明白这个黄金定律,进入国内的第一步就是给自己的店址定下标准:店铺所处的位置既是商业区也是住宅区,交通便利,靠近火车站和地铁站,最好周围还有大型的购物广场。如此一来,既有了大量的商流,也有了大量的民流。为了降低开店的成本,提高顾客的回头率,并最大化地提高热地段的利用效益,85度C不提供像星巴克那么多的桌椅。对于进驻内地第一站的选址,85度C选择最热的地段——上海。对于任何快消品来说,能够占领上海市场,它所起到的示范性效应是不言而喻的,上海的经济发展水平、人员消费结构对于85度C来说都是相当适宜的。

3. 打造热产品

热产品是产品热销、畅销、高利销的基础,如何选择适应市场的热产品是店面持续经营的重要武器,热产品所必需的高质量则是店铺能够持续稳定发展的基石,而完整的产品线将给企业带来不同层次的潜在客流,撑旺店面气氛。"面包＋咖啡"的产品混搭在直接方便了消费者的同时也成就了85度C。在产品的质量上面,为了保证产品的质量,85度C聘用了大批国际五星级酒店厨师进行面包和蛋糕制作,所选材料也是选用五星级饭店宴会指

134

定的原料。同时,中央厨房的建立和店面可视性厨房的营建,都保证了产品质量。在产品线上,85度C规定每45天推出4~6款糕点产品、6~8款面包产品,夏天还要不断开发各类饮料,同时,85度C的产品线上,长销款和促销款之间没有明确的比例,一切凭消费者的消费数据来决定上架期,这样就更加方便了消费者,增加了消费者与店面的黏性互动。

下表所列为85度C的主要产品,看看85度C的产品结构,过去你对面包房的所有认知都会被"打翻"。

85度C的主要产品

蛋糕品项	慕斯品项	乳酪品项	弥月品项	咖啡品项	茶饮品项	冰沙品项
英格兰	樱桃乳酪慕斯	原味乳酪	黑森林	85咖啡	茉香鲜绿茶	菠萝冰沙
黑森林	卡布奇诺	纽约乳酪	原味乳酪	美式咖啡	鲜红茶	紫雪花冰沙
SAP巧克力牛奶	伯爵起士	蓝莓乳酪	夏日水果	海岩咖啡	柳橙C	抹茶红豆冰沙
拿破仑	栗子晚礼服	帕马森乳酪	芒果奶霜	卡布奇诺	水晶冻凉茶	芒果雪泥
香草栗子卷	草莓起士杯		草莓百汇	拿铁咖啡	水晶冻柠茶	拿铁冰沙
巧克力拿破仑	巧克力樱桃杯		提拉米苏杯	焦糖玛琪朵	招牌水果茶	摩卡冰沙
义式波士顿	草莓乳酪		法式布蕾	法式榛果拿铁	荔枝玉露	

(资料来自85度C公开资讯)

85度C是什么?重新定义它似乎很费劲,它是一个标准的"混血儿":平价的咖啡店+时尚泡沫茶坊+烘焙店+蛋糕房+小憩之处+…

4.制定巧价格

合适的价格是店铺撕开市场的利器,对于快消新品来说,价格更是一把利剑,定价需要的是胆大心细艺更高。面对潜在竞争对手的威胁,85度C从价格上彻底颠覆了咖啡、面包这些行业大佬们的价格,直接将价格拉近平常人,但提供满足甚至超出消费者期望的产品和服务。现在85度C供应的咖

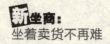

啡均价8元,面包均价3~6元,蛋糕均价也是8元,一般人均一次消费十几元即可。这样的价格有谁不喜欢呢?

5.连锁创品牌

连锁的关键就是标准,连锁的重点就是数量,连锁模式可以使企业在短期内迅速增长品牌效益,方便企业的管理,节约管理的成本。85度C在我国台湾建立了成熟的连锁标准后在我国内地开设直营连锁店,并迅速扩张到106家,直接将品牌的触角伸到上海的周边地区。依靠连锁的模式,85度C让更多的消费者感触品牌,并一步步地建立起自己的品牌王国。

85度C正是凭借这些看似复杂实则简单的方式,实现了店面的整体盈利,成功地吸引了消费者的重复消费,并完成了品牌的建立。

四、精细营销

细节决定成败。

老子说:"天下难事,必做于易;天下大事,必作于细。"

细节之中往往隐藏着决定事情成败的玄机。

要实施精细化营销,必须着力解决好观念、制度、文化三个问题。只有解决好了这三道坎,精细化营销才会真正落到实处,见到实效。

自从日本的企业在20世纪50年代提出了精细化管理的概念之后,这一理念已经被越来越多的企业管理者所接受。正所谓:"天下大事,必作于细。"

其实,精细化不仅仅是一种管理理念和概念,更是一种意识、一种观念、一种认真的态度、一种精益求精的营销文化。

为什么万科的房子位置和地段虽比较差且价格也比较高,但消费者往往还是更愿意选择它? 其实正是万科房子的精细化和物业服务的精细化优势掩盖了它的地段和价格劣势。

从某种意义上讲,我们可以将精细化营销理解为"五精六细":精湛(技术、技能、水平、手段)、精通(流程、环节、过程、关键点)、精华(文化、技术、智慧、意识)、精彩(效果、效率、效益)、精品(成果、结果、质量、品质、品牌),以及细分目标、细化对象、细分职能、细化岗位、细算每一项具体工作、细做每一个管理环节。

"精"可以理解为更好、更优，精益求精；"细"可以解释为更加具体，细针密缕，细大不捐。

精细化营销，是根据营销的无形、不可分、易变（不可存储）等特性，运用有形化、技巧化、可分化、关系化、标准化、差异化、可调化、效率化等多种服务工具，对企业营销的目标、承诺、展示、行为、语言、过程、结果等关键的营销要素进行控制，从而达到令顾客满意的效果。

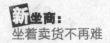 精细化营销的三道坎

从精细化营销的概念中我们可以看到，精细化营销的三道坎是企业营销的必需，有利于解决企业营销工作内容过于宽泛、考核难以量化、成效不好检验等现实问题。精细化营销是一项比较复杂的系统工程，营销要素多，对管理层、执行层和相应的营销管理制度层有着极其严格的要求。所以，要实施精细化营销，必须着力解决好观念、制度、文化三个问题。只有解决好这三道坎，精细化营销才会真正落到实处，见到实效。

1. 观念是根本

这里的观念包括管理层和执行层的观念。

其一是管理层的观念。管理层在研究、规划和部署管理工作中，要确立精益求精的思想，充分考虑服务对象的需求和执行层的能力，真正把上级要求和自身实际充分结合起来，形成本单位具体而不复杂的贯彻落实措施。

其二是执行层的观念。执行层能不能准确地领会、精确地贯彻落实上级的要求，能不能在工作中不打折扣，能不能真正负起责任，做到一丝不苟、精益求精，都是对其观念和态度的极大挑战。

2. 制度是保障

考核历来是企业管理工作中的难题,如果具备了精细化管理的观念和思路,管理必然能够走出一条新路,考核的问题也将迎刃而解。精细化管理对制度的要求几乎达到苛刻的地步,每一项工作、每一个细节、每一个流程,随时随地都要有相应的制度来制约和考核。制度到位与否,直接影响精细化管理的程度。

为什么在长沙远大上千亩的工业园里,任何时候用白手套擦任何部位,都擦不出灰来,这就是制度监管的力量。所以说,制度创新是实施精细化管理最为核心、最为细致,也是最大的难点所在,是必须解决的关键性问题。

3. 文化是源泉

精细化管理隐含的可能不是理论,而是一种意识。这种意识就是一种文化,一种渗透骨子里的企业文化。

记得我们给锦江之星提供"员工满意度"的研究诊断提升服务时,发现很多员工为客户提供服务时脸上是看不到笑容的,甚至是板着脸的,而只有当领导来的时候才会看到笑容,为什么会这样呢? 其实就是因为企业仅学会了精细化管理的形,而没有学会精细化管理的神。

而我们在为如家服务时,也发现类似的精细化不彻底或不标准的问题,虽然没有像锦江之星那样的问题,但是我们却发现,随着如家门店的快速扩张,这种标准化的稀释和走样就越发明显。这实际上是如家的隐忧,也是汉庭的机会。

正如万科董事长王石所言:"精细化是未来十年的必经之路。"

确实如此,精细化是企业乃至整个社会长久发展的必由之路。因粗放的经营管理而付出代价的例子比比皆是,精细化不是新鲜事物,却又是新鲜的事物,因为精益求精的追求总会带来新的收获。

这样的细节您注意到了吗?

您能知道这是什么地方吗?

📖 案例：如家的品牌接触点营销

如家单店盈利提升的关键是对关系到品牌接触点的任何细节的极致追求，努力做到最好，让消费者感受到家一般的温暖。

如家现在是当之无愧的经济型酒店的领跑者，这和如家各个分店良好的盈利效益是分不开的，在现阶段经济型酒店竞争如此激烈的市场氛围中，如家是依靠怎样的方式实现了单店的营业提升呢？

对于经济型酒店来说，最重要的是什么？可能每个经济型酒店都有自己的答案，但是，有哪些经济型酒店把他的理念做到了极致？如家认为，经济型酒店最重要的就是细节，并且要把对细节的追求做到极致。

如家各个单店的营业提升的切入点就是把品牌接触点的相关细节做到极致，做到让消费者一眼即知，一用即明，让消费者在入住过程中成为如家忠实的粉丝，从而为单店的入住率稳定提升打下了坚实的营销基础。

在经济型酒店的硬件方面，首先在选址上，如家所处的位置和其他经济型酒店没有多大的区别，主要选择商务中心区域交通便利的位置，但是这些都是竞争对手早早已经采用的方法。为了能够产生品牌的差异化，使消费者能够清晰地辨别如家与其他经济型酒店的区别，如家采用了给如家建筑物大面积刷亮色的方法，使消费者远远地就可以看到，凭借此法使自己成功地在众多的经济型酒店中脱颖而出。在房间内的硬配件上，如家的插座位置及数量充分考虑到了消费者使用的方便，便签纸附带的小托板使得消费者书写更加随意，挂衣架的设计不光节约了成本、增加了房间空间，同时也使消费者可以更方便地挂晾衣物……从这些可以看出，如家在房间的细节上充分考虑了消费者的需求，让消费者在入住如家的时候，感受到更多的舒适，尽可能减少不适。在客户互动上，当其他经济型酒店还在守株待兔的时候，如家首创了呼叫中心和会员制营销之法，主动去开拓新市场，在如家和客户之间搭建了一座相互沟通的桥梁,增加了消费者与如家的黏性,同时挖掘了大量的潜在消费者。

如家的内、外环境

在经济型酒店的软件方面,如家也力求做到极致。在经济型酒店中,面对硬件上的同质化竞争,每个店长的不同管理风格直接差异化了店与店之间的经济效益,怎么充分发挥各个分店店长的积极性是如家的一项重要工作。如家充分放权给这些店长,店长们在扮演着管理者的同时还扮演着如家的超级业务员,同时也是如家品牌的传播者。如家的店长会抓住一切可能的机会对潜在客户进行开发,并通过协议使潜在客户成为如家的稳定客户源。服务作为经济型酒店的又一重要的要素越来越被重视,服务是所有品牌接触点中最为重要的环节,也是人为因素最多的环节。如家围绕消费者这个根本点,以优化标准为切入点,以特色服务为突破点,追求"零投诉",最大化地提高服务的品质,让整个单店的所有员工参与到这项品牌营销工程中去,这些品牌营销服务都产生了积极的品牌影响,网上网民对如家大加赞誉,同时也产生了积极的口碑传播影响,为如家带来了巨大的客户群。标准化是连锁企业的关键点,没有成熟的标准化体系,品牌在各处的接触点就不能形成很好的联动传播,这样的连锁只会将企业的发展锁死。为了在标准化上不走弯路,如家从前期市场调研到早期的市场探索都在不断地完善标准化,待到标准化体系成熟,如家迅速发力,迅速成为经济型酒店的领航者。同时,为了消除标准化给消费者带来的生硬感,如家在品牌的接触点的情感上努力营造"家"的氛围,让消费者在如家感受到在家一样的便捷和舒适。

品牌的接触点,不仅仅体现在单店上面,如果品牌的效用要产生 1 + 1 > 2 的效果,还需要在整体上做好联动。如家总部通过发行内部刊物、接受媒体传播、参加社会活动,以及单店的线下品牌接触点营销和总部的线上品牌接触点营销相结合的方式,实现了品牌的热传播,为企业的发展注入了新的能量,实现了企业飞速发展。

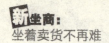

五、体系制胜

标准化：打造复印机系统

加盟连锁行业的本质，就是以较低的成本为顾客提供标准化、连锁化、人性化和理性化的服务。只有人才实现了标准化的复制，才会有企业真正的成功，而企业复制人才的关键所在就是：大影印机复制小影印机，小影印机再复制更多的影印机，不断精密地自我复制。

对于加盟连锁行业来说，服务质量就是生命。随着企业规模的不断壮大，如何保证每个店都符合统一的标准、每家店都保持精致的风格，如何在快速扩张中保持质量的稳定，这一系列问题都与企业如何保证标准的贯彻实施有关。这种方法就是连锁企业的标准化的打造、复制、贯彻、执行。而标准化的核心在于：第一是打根基；第二是贯标准。

对于总部来说，要想有效控制分店，需要对管理者、员工、客户三个层面进行有效的标准化管理，把各地员工放在同一个平台上；要想有效地完成标准化管理，必须建立一个强大的中央控制平台，如果没有这样一个重要前提，标准化管理就很难推行下去。

对于连锁企业来说，这样的中央控制平台包括四项内容：中央管理平台、中央采购平台、中央财务平台，以及中央信息平台。通过中央管理平台可以加强控制，通过中央采购平台可以控制成本，通过中央财务平台可以有效地预警，通过中央信息平台则有利于加强沟通。

同时,在店长层面,企业需要推行 KPI(关键业绩指标)管理,通过销售、客源、成本等方面考核每个门店的工作。店长每天要找两个顾客填意见表,每周或者每十天要开一次员工会,调查员工满意度,同时要关注基础设施,关注成本,关注人才的培养,还要研究客源结构,因为"它是保证未来发展稳定性的东西"。

除了四个平台的搭建之外,如何能够让这些标准贯彻下去,并让员工自觉地嵌入到平台中,是能否实现标准化的关键。

标准化的人才来源于标准化的人才打造体系。对于连锁加盟企业来说,最好是有自己的管理学院或商学院,包括加盟商、店长、店员、导购、设计师在内,均需要参加各种形式的培训班和专题培训,以实现真正的标准化复制。

只有这样,企业才能建好"理想模板":一个清晰的定位,一套紧密的标准操作手册,一套有关日常运营的营销管理系统及员工按照标准自觉嵌入系统的思维。只要资金充裕,企业就可以"按动电钮",选择合适的时机和地点复制出一个个新"门店"。

案例:大自然终端美学馆

地板行业是个产品高度同质化的行业,在这样的行业中,那些没有优质的产品,没有雄厚资金的小品牌如何破局? 大自然地板品牌之一的美迪亚剑指终端,以地板美学馆的独创方式,在灰暗的地板天空炸响一声惊雷!

对于家居行业,销售成本、价格竞争、产品高度同质化和高昂的推广费是所有家居企业都必须面对的"坎",地板行业同样如此。由于各品牌之间无论是基材还是工艺或者是耐磨、防水等性能,彼此都没有太多的差异,激烈的竞争造成企业成本不断上升,如何在同质化如此之高的行业里脱颖而

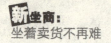

出成为了各大地板企业的难题。

　　盈彬木业为扩大市场份额,在"大自然"品牌的基础上创立了兄弟品牌——"美迪亚",以期利用低价争夺市场,然而事与愿违,"美迪亚"在市场上的销量差强人意,其低利润取代了"大自然"的预期利润,结果造成集团整体利润的缩水,内部资源的争夺使管理成本的不降反升,滞后了企业发展的速度,甚至威胁到了老大哥"大自然"品牌,本是同根生的"美迪亚"该何去何从?

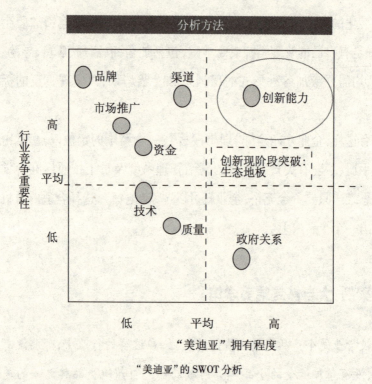

"美迪亚"的SWOT分析

　　通过SWOT分析,美迪亚要想在市场上立足,运用创新能力和应变能力完成企业的价值创新,寻找到新差异化价值区间是最好的出路。

　　在明确了自身差异化战略之后,美迪亚开始重新回归到产品原点,由外向内从消费者需求出发回溯到品牌定位的塑造。木地板的主要目标消费群体为25～40岁的新房购买人群,这部分人群在购买木地板时,花色、时尚感及售后服务是他们最为关注的几大因素。

未来木地板行业的终极竞争状态将集中在品牌、产品资源和产品花色上，"美迪亚"综合自身因素，把差异化聚焦在了"花色"上，以期地板"时装化"。同时在品牌传播上，"美迪亚"配合"时装化"的诉求，明确了今后往大众时尚化发展的方向，并将"地板美学"作为自身品牌的DNA。

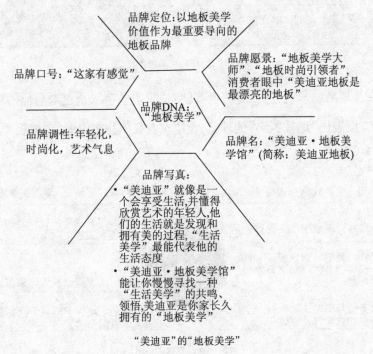

"美迪亚"的"地板美学"

为凸显"地板美学"的品牌理念，美迪亚从产品、终端和服务等几个方面着手，通过"产品差异化""体验差异化""品牌差异化"三位一体的方式，将"地板美学"真正落到实地。

为此，美迪亚首先突破一贯的产品品类划分方法，将传统的地板按美学的维度分类，依据材质、色泽、肌理等的不同，将地板分成四个系列：生态系列、新古典系列、大师系列和典藏馆系列，通过分阶段逐步到位的形式，完成自身产品的组合。

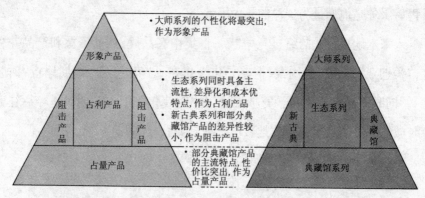

"美迪亚"的产品组合

在终端品牌形象方面，美迪亚首创"地板美学馆"，通过对店面的整体装修，全方面展现"地板美学"的理念，让消费者在体验之中感受"地板美学"的魅力。

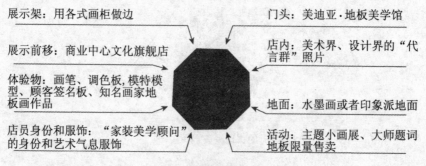

"美迪亚"的"地板美学馆"

在服务方面，将"美学顾问""美学把关"等贯穿于售前、售中和售后三大环节，体现出自身服务的差异化。

为达到整体的推广效果，"美迪亚"整合传播手段，通过多种形式向消费者传递出同一个核心概念。

单店营业力是"美迪亚"发展的关键因素，单店营业力的提升主要通过提升终端软件、硬件、推广和加强管理来展开。

在硬件方面，"美迪亚"从店外和店内两个方面着手。从店外选址、装修到店内的软硬装饰、产品陈列、功能区的划分,再到整个氛围的渲染,"美迪亚"都紧紧抓住了"地板美学"的核心,来打造地板美学馆。

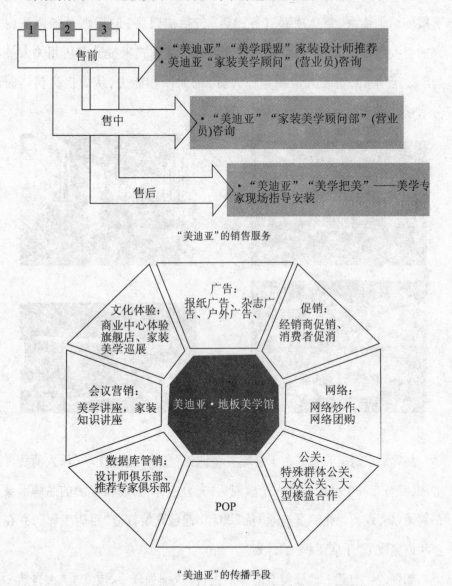

1 2 3

售前
• "美迪亚""美学联盟"家装设计师推荐
• 美迪亚"家装美学顾问"(营业员)咨询

售中
• "美迪亚""家装美学顾问部"(营业员)咨询

售后
• "美迪亚""美学把美"——美学专家现场指导安装

"美迪亚"的销售服务

文化体验:
商业中心体验旗舰店、家装美学巡展

广告:
报纸广告、杂志广告、户外广告、

促销:
经销商促销、消费者促消

会议营销:
美学讲座,家装知识讲座

美迪亚·地板美学馆

网络:
网络炒作、网络团购

数据库管销:
设计师俱乐部、推荐专家俱乐部

公关:
特殊群体公关,大众公关、大型楼盘合作

POP

"美迪亚"的传播手段

为保证终端形象的质量,"美迪亚"对经销商的要求一般都很高,县一级代理商门店面积不少于80平方米,市一级门店不少于120平方米,省一级门店不少于300平方米。而且要求代理商有一定的运营资本和保证金,最重要的是要对地板美学的品牌概念有深刻认知。

在软件方面，"美迪亚"将自己的店员定位为"家装美学顾问"，依靠有效的培训体系，强化总部对各门店（包括加盟店）的培训及加盟商内部的自我培训，通过专项培训和日常培训两种方式来提升单店相关人员（店长、营业员、安装人员和业务人员）的素质和能力，从而提高整体服务水平。

"美迪亚"的店内装修

品牌形象的提升关键在于终端，"美迪亚"要将"地板美学"深入消费者心中，唯有在各个区域打造一个旗舰店，充分主体化，使得丰满的品牌形象最终得以实现。为此，"美迪亚"从2007年起已开始打造"百店工程"，并在三年内完成了"千店工程"的计划。

如今，"美迪亚·地板美学馆"与"大自然"强强联手，成立了"大自然·地板美学馆"。在原有的"美迪亚·地板美学馆"的基础上，"大自然"进一步对目标消费者进行了细分，划分为古典美学、新古典美学、现代美学和后现代美学四大类，如下表所示。

"大自然"对消费者美学的分类

古典美学	新古典美学	现代美学	后现代美学
目标顾客群:30～40岁,拥有贵族的身份、精英的思想;思想宏观、视野开阔、辨识大局,遇事有着纵横捭阖的气度风范;张弛有度、刚柔并济,谋定而后动,不盲从、不追随,对事物有着理性的判断和选择;对生活、事业全情投入,计划性非常强,总是能够很好地调配利用个人时间,以寻求绩效和效率;追求一步到位、方便而舒适的高品质生活,注重马斯洛的高层次需求的实现;居家重品位、健康,偏爱沉稳的色调	目标顾客群:25～40岁,处于中间收入带(中高、中、中低);首次购房或换购房为主;相对年轻化、时尚化、城市化、特性化;品牌意识较强,知道用品牌表现身份,愿意为高质量和独特风格而花费更多的价钱;既是潮流的引领者,也是追捧者,比较看重装修风格和地板花色	目标顾客群:25～35岁,属于"有点钱又有点闲"一族,有较好的文化修养,向往西方的生活方式,不受传统道德观念的约束,也不太关心政治、环境、自然等社会问题;追求精致生活,寻求内心的快乐体验,活得自信、行得从容,"简约而不简单"是其生活的真实写照;凡事皆有自己独有的品位、情趣和格调;居家重前卫、时尚、品位	目标顾客群:25～30岁,思想沉闷、充满活力,既会赚钱又会花钱,注重享受,追求刺激,喜欢上网、听外文歌曲、泡吧、游山玩水;具有强烈的现代享乐主义倾向,传统的消费习惯于他们来说是一种落后的束缚,但对源自西方的生活及超前的消费方式却有很强的认同感,是最具消费激情的消费族群;喜欢冒险、挑战,拒绝平淡、平庸,讲究情调、品位,崇尚品牌和高档。居家喜好浪漫

根据以上类别的划分,"大自然"根据相近的风格将地板美学馆建成四馆,这样不仅使自身产品有了区分,同时也给每一种产品赋予了不同的格调,使每一个消费者都能在其中找到适合自己风格的产品,如下表所示。

"大自然"根据相近的风格将地板美学馆建成四馆

1号馆	2号馆	3号馆	4号馆
古典美学	新古典美学	现代美学	后现代美学
巴洛克、洛可可	东方古典、西方古典	普罗旺斯、原生态	极简、超现实
金	红	绿	黑白
复古性	创造性	前瞻性	颠覆性
唯美主义	混搭主义	人文主义	个性主义

数据显示,尽管这两年受到国际金融风暴的冲击,加上楼市低迷,很多地板企业委靡不振,大自然却是逆市上扬。2008年,大自然的零售终端达到2 600家,销售地板1 300万平方米;2009年,零售终端达到2 800家,销售地板1 450万平方米,总销售额突破23亿元,在地板行业处于领先的位置。按照计划,2010年,"大自然"要将零售终端总数拓展到3 000家,实现销售

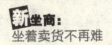

1 850万平方米,同时将拓宽渠道经营,增加小区门店和超市门店。

"大自然·地板美学馆"以其独有的"美感"拉开了与竞争者之间的距离,用"美"抵御竞争者的同质化,同时也满足了消费者的需求。"大自然·地板美学馆"这一颠覆传统的方式,不仅给传统的地板注入了美学价值,让消费者在感官上对风格进行了解,通过触觉感受加深对产品的爱慕,同时也给广大家居企业以启示——在同质化的行业竞争中可以以终端为切入点,最终赢在终端。

信息化:破解一收就死一放就乱的死结

在市场竞争日益规范的今天,"品牌化"的经营理念已经被广泛应用于各个行业,随之出现的连锁专卖店就是在这种大背景下快速发展起来的特征性很强的商业形式。但是,管理分布在各地的连锁专卖店并不是一件容易的事情,信息化技术作为管理利器拯救了繁乱的连锁专卖店模式。

在市场经济大潮的推动和熏陶下,我国自主经营企业数量急剧增加,另一方面,国家通过各种法律、行政手段,配合软性引导措施,逐渐规范和引导企业适应日益激烈的市场竞争。在这种大环境的驱使下,自主经营企业逐渐意识到品牌经营对于企业制定营销策略及提升竞争优势的巨大推动作用,为此,企业开始摸索一条适合扩大品牌影响力,同时利用品牌效应促进业务增长的商业模式。连锁专卖店就是在这种商业需求下快速发展起来的。

据了解,目前连锁专卖店以其"短小精悍"的优势而日益蓬勃发展,成功的专卖店形象能够大大提高企业品牌影响力,从而拉动业务增长。目前,连锁专卖店渗透于各个行业,店铺类型包括专营店(实时型/传输型)、加盟店、店中店/专柜及代管店等。由于单个专卖店投入不高,市场准入门槛相对较低,因此各行业、各品牌连锁专卖店遍地开花。但是,专卖店的大量铺设给企业统一管理提出一个不小的难题,以往采用的管理方式需要耗费大量的人力资源和管理费用,而管理效果也不令人满意,在这种情况下,企业开始利用先进的信息化管理系统提高企业经营管理效率。

事实上,虽然连锁专卖店应用信息化手段管理供应链是大势所趋,但是由于企业在信息化应用选型上尚存在差异,因此专卖店信息化应用仍旧存在两极分化的现象。如何成功运用信息化管理系统加强专卖店经营效率、提升企业品牌建设,成为企业及专卖店管理者必须解决的问题。

1.信息化水平两极分化

连锁专卖店由于与企业挂钩,因此企业信息化应用水平直接影响专卖店的信息化水平。据了解,目前连锁专卖店信息化应用存在两极分化的严重问题,连锁专卖店存在行业、地域等方面的差异,另外,专卖店总部的信息化选型也直接影响专卖店的信息化应用,因此不少管理不规范的小型连锁专卖店还使用人工记账等老旧的管理模式,其他应用信息化技术的连锁专卖店或者使用没有配套服务的简单电子记账,或者使用缺少分析功能的收款机等方式。

一些规模较大、信息化应用完善的企业已经初步建立了完善的信息化管理体系,通过在总部、办事处、专卖店等多级机构间建立统一销售供应链管理系统,缩短企业管理的中间环节和配货供应环节,完成企业总部与连锁专卖店之间的数据共享,提高专卖店经营销售效率。随着企业规模的不断扩大及连锁专卖店数量的不断增加,企业对于连锁专卖店信息化应用管理给予了大力支持,帮助专卖店管理者提供完善的信息化设备和培训系统操作人员等,利用信息化手段加强连锁专卖店与企业的联系,依靠准确的数据分析制定贴近市场的营销策略,以加快企业的扩张。

相反,一些企业则不愿意大规模提供信息化系统,不少加盟连锁店只能

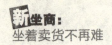
自己铺设管理系统。但是在这种情况下,铺设的管理系统只能满足一部分日常业务的管理需要,而无法实现与总部的资源共享,而企业总部对于连锁专卖店的管理也需要煞费周章。

2. 服务提供商参差不齐

服务提供商水平参差不齐是阻碍连锁专卖店信息化选型的又一原因。笔者在调查采访中发现,目前针对连锁专卖店信息化管理的软件产品种类繁多,产品之间存在很大的差距,服务提供商的水平参差不齐。目前,市场上主要的软件产品类型包括专门针对连锁专卖店的供应链管理软件,可以同时适用于连锁超市的管理软件、简单的供销存管理软件和一大批不知名的记账软件。

管理软件开发商水平参差不齐,规范的软件开发商不只开发适合用户使用的管理软件,同时还需要针对用户系统规划、数据整理、软件设置、人员培训及跟踪服务等方面提供完整的技术支持。对于用户来说,软件产品只是一个工具,这个工具在使用过程中仍旧会遇到大量的问题,服务提供商不仅要针对用户特点铺设软件产品,同时还需要针对用户在使用产品过程中遇到的问题提供及时的解决方案,改进现有产品的不足之处。

对于一些专卖店使用专门针对连锁超市开发的管理软件系统,勾洪涛认为,连锁专卖店作为特征性很强的商业形式,与连锁超市有很大的不同之处。目前,市场上适用于连锁超市的管理软件并不能完美地嵌套在连锁专卖店管理上,一般的连锁专卖店管理软件都是由上一级管理机构统一供货,对于促销管理、会员管理、结算管理等方面有特定需求,另外,连锁超市多以二级架构运营,而连锁专卖店则多以三级架构经营,管理模式及架构上的差异决定了连锁专卖店与连锁超市的信息化应用差异,因此,使用切合连锁专卖店特点的管理系统才能解决企业管理难题。

3. 管理者理念有待提升

在企业实施先进的管理过程中,企业管理者的管理理念是一个很重要的因素。有些企业虽然已经针对连锁专卖店的管理建立了相应的信息化系统,但是很大一部分企业管理者仍旧无法理解信息化的正确概念,在铺设信息化系统的过程中采取"能省则省"的态度,无端缩减开支,使得信息化管理系统实施效果"事倍功半"。

用户铺设专卖店连锁管理系统,以最简单的总部、门店二级结构的专卖店为例,一般需要包括库房、财务及三家门店铺设五个站点。事实上,在实际应用中,专卖店上级管理机构或者初具规模的专卖店还需要增设站点来满足日常的企业管理需要,但是一些用户为了节省开支会将增设的站点"砍掉"。这种做法不仅不会节省开支,可能还会在系统使用中增加管理成本。勾洪涛表示,软件系统对于硬件并不挑剔,加上目前市场上硬件设备的价格并不高,因此增设站点对于用户来说投入不是很大,系统实施效果才是最重要的。

除此之外,铺设管理系统还要注意系统的可扩展性,没有前瞻性的信息技术投资会成为企业管理上的"鸡肋",同时还会增加企业的重复投资。

4. 成功案例分析

北京威克多(VICUTU)是一家以设计、生产、销售中高档男装为一体的股份制企业。主要经营品牌为"威克多"男装系列,主导产品为西装、大衣、休闲装、T恤、皮具皮件等一整套系列男装。经过多年发展,威克多构建了一套严谨、科学,并适合自身发展的经营机制和管理模式,迄今为止,威克多制衣中心已建立100多家商场专柜及特许经营机构,遍及全国20多个省、市及自治区,形成完整、强大、顺畅的销售网络。

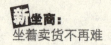

几年来,北京威克多服装公司在发展中不断壮大,繁重的手工劳动和大量的人力浪费,迫切需要一套集成现在先进管理思想的电脑系统来有效管理经营。考虑到预期的发展空间及系统的扩展性,北京威克多制衣中心确定系统选型原则为系统具有可持续发展空间,扩展性强,公司实力强劲。最终确定采购、生产、财务、人力资源管理采用管理软件公司 SAP 系统,办事处、门店零售业务管理选用深圳万国思迅软件有限公司的连锁专卖管理系统。

连锁分店极多,遍及全国 20 多个省、市及自治区,约有 100 家。目前仅北京市区就有 17 家连锁分店。威克多的零售业务独特,针对其独特需求,专卖店解决方案如下。

(1)接口程序要求严格。SAP 系统主要负责公司的采购、生产、财务、人力资源等。办事处、门店零售业务管理,则由思迅连锁专卖负责,几乎所有的数据(包括基础数据、库存数据、调拨数据等)都必须从 SAP 系统数据库中读取,还要求把销售数据(包括销售流水数据明细、付款流水数据明细、门店间调拨数据等)写入 SAP 系统中,这些复杂的工作由思迅连锁专卖接口程序完成。

(2)会员多,实施会员连锁。要求把 4 万多条历史会员数据导入新系统,实现会员数据在新旧系统间的无缝过渡。

(3)促销方式特别。包括折扣促销、买赠促销、买减促销等。要求多种促销方式对应的商品有不同的联营扣率;可以同时存在多种促销方式,即折上折方式促销。

(4)经营方式以联营为主,联营扣率不定。不同门店、不同的促销方式,可以产生不同的联营扣率。

(5)服装定做。在服装行业中,定做是一种比较常见的销售业务,针对该业务,连锁专卖添加了定做功能,满足了用户频繁的定做需求。

(6)交钱未取货。在服装销售业,交钱未取货业务也是比较频繁发生的,如客户看中某条裤子,但裤子太长,于是约定交钱后修改好了才来取货。针对此业务,可以在连锁专卖结算时增加是否取货的选项,并且在取货前销售而不冲减库存,取货时输入小票号,检索出内容,取货后冲减库存,记录业务数据,完成该业务。

(7)提货卡是威克多的一种非常独特的销售方式。提货卡可以由商店卖,或者公司卖,或者总部卖,有面值,卖价可以商议,可以提取一定金额的商品,具有只能使用一次、不找零等特性。针对该业务,连锁专卖适时调整,以满足客户对业务的需求。

另外,各个连锁分店的网络设备差异大,有宽带网络、VPN 网络、拨号网络等,网络环境要求高,而网络设备却比较差,因此对程序的通信部分代码要求严格,必须要求在较差的网络设备中满足较高的网络环境,实现高数据传输效率及增量下载数据,保证用户在低网络流量的情况下,快速地下载必须的业务数据。

连锁专卖店的商业形式在很大程度上推动了企业的品牌化经营,同时对于个体加盟者来说也是一项投入产出值高的投资项目,但是由于专卖店分布于各地,专卖店与总部之间信息的获取及总部制定统一的营销策略等就成为很大的难题,从而大大提高了中间的管理成本,尤其是专卖店由地区性质扩大到全国,管理成本也会因为距离的增加而增加,逐渐成为企业发展的管理"瓶颈"。

随着我国市场经济的发展,经营者逐渐意识到信息化管理的重要性,纷纷采取合理的信息化销售供应链的管理方式,大大提高了管理的能动性和工作效率,降低了成本。但是,信息化技术的应用之路也不是一帆风顺的,供应链管理系统提供商的水平参差不齐,导致信息化应用效果好坏不一。事实上,造成这种情况的原因不仅在于供应链管理系统质量参差不齐,系统供应商的配套服务也是其中重要的原因之一。

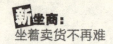 **案例:来伊份,终端信息化加速度**

1999 年,来伊份主打休闲食品的第一家门店在上海市徐汇区开设。三年后,上海爱屋食品有限公司成立,将"来伊份"品牌正式纳入管理和经营体系,成为一家休闲食品连锁零售企业。现如今,分布在上海大街小巷的来伊份门店,以其特有的橙色为主色调,特别吸引人们的眼球,尤其是广而密的分布格局让徜徉在上海街头的人们随处可见。

经走访了解到,"来伊份"门店以每年 100% 的速度增长,当前,来伊份已经拥有 1 500 余家门店,其中直营门店占到了 90% 左右,目前主要分布在江、浙、沪三地,并开始向长三角其他地区扩张,2011 年计划新开 500 家门店,也将全部采取直营模式。

然而,我们不禁要问,来伊份在短短 11 年的时间内怎么从一家门店发展到 1 500 多家门店的? 企业的什么机制或模式使其实现了迅速的扩张? 来伊份又凭借哪些优势能够保证每年 100% 的增长速度?

1. 开创休闲食品直营连锁店模式

来伊份在其开设第一家门店起,便开始普及休闲食品的消费知识,并逐步引导人们对休闲食品的消费习惯。来伊份在与客户的沟通中了解到,消费者对于休闲食品的消费是可有可无的,如果觉得哪天方便或者看到了有卖休闲食品的门店才有可能去购买,而专程长距离地来购买休闲食品的客户是寥寥无几的。

来伊份通过调查和对客户的了解充分地认识到,做休闲食品必须在更大程度上方便消费者购买,使其有更多机会接触到休闲食品。因此,仅仅靠一两家门店的规模很难达到客户满意,也很难将休闲食品做大做强。于是,来伊份便把直营连锁的模式作为公司的发展战略,并制订了直营连锁发展的实施方案。

来伊份在实施直营连锁模式的计划时,首先必须要解决供应商问题,来伊份通过对生产厂家的考察和分析,确定以贴牌生产的模式与供应商达成协议。厂家供应的产品在包装上使用来伊份统一设计包装,而厂家只是提供产品。来伊份正是通过与厂家的贴牌协议,保证了直营连锁的充足货源,也为其更多的直营店的开设奠定了良好的物质基础。

在解决了直营店的供货问题后,便要面对逐渐庞大的连锁门店的管理问题。来伊份通过前期门店运营的管理经验,逐步摸索出了一套流程化的管理制度,即流程管理机制运行特点及运行框架、流程管理组织机构、流程管理部门职责及岗位设置和职责、流程管理的运行及维护、流程管理的优化改进及考核、流程管理的流程等内容。并形成了较为完善的流程标准作业手册(统一平台,统一数据库,统一语言,输出 SOP,通过 IE 方式实现全员共享)和岗位职责作业手册(根据不同的岗位,通过同一平台,输出不同的岗位手册)。

来伊份在逐渐完善的流程管理制度下,通过门店标准化的实施,使得门店的复制能力迅速提升,也使得门店复制的速度逐渐加快,这样便加速了来伊份直营连锁的扩张步伐。同时来伊份为了满足不同的客户需求,还开通了网络门店,来满足网购群体的需求。为了方便客户购买还开通了电话订货。而且为了在更大程度上吸引顾客,还根据不同时节制定了相应的门店促销计划。

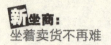

2. 搭建直营连锁信息高速路

来伊份在逐渐完善了直营连锁体系之后,门店的扩张规模也逐渐增大,从当初的几十家,到后来的几百家。然而,企业业务的有序运行不仅依赖于规范的业务流程,也依赖于流程中所需要的知识,仅仅依靠流程化的管理已经难以完成如此之多的门店信息的处理。援引来伊份董事长施永雷的话说:"依照我现在管理的效率,我已经无法再使企业进行持续的扩张,我觉得这是最大的障碍,公司的发展已经受到制约。"

为了寻求突破,实现来伊份销售量的持续增长,也为了实现来伊份全国连锁的伟大愿景,来伊份从 2007 年就提出了"信息化管理"的经营理念,来伊份和海信合作引进 ERP 系统,企业已经基本实现依靠体系化和制度化运作。公司设有"管理中心"和"配送中心",做到统一采购、统一配送。公司使用 OA 系统、内部网络通信系统,逐步实现全面信息化管理。所有门店都由公司统一管理,门店营业员由公司统一培训,门店有统一的营业员操作手册和服务标准。

2008 年,受全球经济衰退影响,众多企业不得不相应削减 IT 部门预算。但来伊份却反其道行之,在低潮时投入巨资扩建 IT 团队,实施完整的 SAP 一体化零售业解决方案以替代现有分散割裂的软件应用系统。经过企业内部缜密评估,来伊份最终选择全球顶尖的 SAP 零售业解决方案,谋求逆势腾飞。

根据规划,来伊份正在推动的基于 SAP 一体化平台的信息化再造分为三个阶段,约用两到三年的时间完成:首先是基础搭建阶段,重点关注内部管控,建立统一的基础数据、技术和应用平台,涉及财务、业务模块;其次是优化提升阶段,重点关注业务优化与创新,加速企业的市场反应能力和完善公司的品质战略,涉及商务智能模块和人力资源管理模块;最后是战略创新阶段,重点关注战略发展应用和协同,涉及客户关系管理和供应链管理模块。

为了达到项目的预期效果,为了让公司的员工及合作伙伴熟练运用 SAP 系统,来伊份还邀请 SAP 的合作伙伴进行专职的系统化培训。通过培训,不仅弘扬了来伊份的品质理念,提升了各个合作伙伴的质量安全管理能力,也为日后来伊份与合作伙伴顺利畅通的合作沟通夯实了坚实的基础。

2009 年 2 月,具有来伊份特色的信息管理项目正式启动,经过半年多的试点、摸索与实践,2009 年 9 月 27 日,来伊份的 SAP 一期平台搭建完成。2009 年下半年以来,基于公司"信息化管理"的变革目标,来伊份信息管理确立了"实现资源与系统的协同整合,打造公司一体化信息管理平台"的工作重点,着力推进了 SAP 系统平台在日常工作中的应用和一体化职能管理模块的搭建。

来伊份凭借逐渐庞大的直营连锁渠道发展平台,通过直营连锁信息化高速公路的打造,不仅体现了来伊份不断创新的发展模式,而且也体现了来伊份"领鲜到底"的营销理念。同时,使得来伊份的发展驶向了快车道,这让来伊份的发展得到了大提速。

文化化:让终端有魂

2009 年年底,我国的特许体系已达到 5 000 个,加盟店 50 万个。新体系不断涌现,老体系更加成熟。很多企业已经从初创时急于扩张逐步进入稳健发展阶段。连续两年的特许调查发现,一些特许企业加盟店的发展速度下降,直营店的开发速度加快,企业更加关注体系完善,更加注重企业文化的建设,为可持续发展奠定基础。

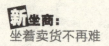

企业文化是企业管理的核心,是企业发展的基础,对于特许企业来说,更有其独特的意义。

特许企业的企业文化既有企业共有的特性,又有自己的独特之处:其一,特许商和加盟商都是独立的主体,但要按照统一品牌的规范去运营与发展。只有做到加盟商与总部的形神合一,才能确保连锁体系的稳固与发展。因此,特许企业的领导者必须建立强有力的企业文化,让加盟商融到共同的价值观和信念中,促使整个体系团结、协调一致。

特许经营以知识产权的输出为主,容易被竞争对手复制、模仿,但企业文化是难以复制的,特许企业要依靠其优秀的文化来保持持续的竞争优势。

百胜集团中国总裁苏敬轼认为:"好的企业文化,对我们连锁企业尤其重要,如何才能保证每一个店,每一个地方,都能够达到一样的标准,这不完全是标准化的问题,或者是人才和资金的问题,最重要的是如何在企业里面形成一个非常好的文化。大家能够在自己岗位上自动自发地把微笑真诚地流露出来。"

大部分优秀特许企业的文化均包含以下方面内容:始终如一地服务顾客、发挥员工的能动性、对加盟商一视同仁、注重本土化融合、保持文化的创新、参与公益活动回报社会等。

1. 以顾客为中心,提高顾客满意度

企业文化建设以顾客满意为目标。加盟商在传播企业文化,开展督导与管理的过程中始终把保证向顾客提供优质统一的产品和服务,提高顾客满意度和品牌忠诚度为核心。

东方爱婴、红黄兰婴幼儿教育特许连锁品牌,在整体连锁网络中导入CRM系统,为顾客营造着温馨的家庭氛围,通过亲情短信平台,向每个小朋友及他们的父母亲及时送上祝福与问候,如生日的清晨会发送生日快乐的祝福,天气不好时会发送注意安全的提示。

2. 以人为本,凝聚优秀员工

企业文化建设是以人为本的企业管理方式。

"迪欧咖啡"把帮助员工树立自信心作为企业文化的内容之一。他们认为有自信心的员工才会生产出更好的产品与服务。培养企业员工自信心的办法就是尊重、放权与宽容,给他们赢得胜利的机会,让他们从自己所扮演的角色中获得自信。

"小天鹅"有一项"群策群力计划",员工可以通过电话调查系统或者填写评论卡对问题畅所欲言,相关的管理人员会在两周时间内对员工的建议做出回应。公司还在内部设立公开论坛,在企业内部刊物中专门设员工来信栏目,这些来信通常是有关公司发展的问题。

除了待遇留人,事业留人,还可以通过情感留人。在信义,开展"多栽一棵树"主题活动,将企业每一位员工比作一棵树,通过培训、竞赛、出游等活动细心呵护、栽培,在工作之余,让员工对企业产生浓浓的依恋感。

中国的特许企业目前极缺人才。倡导尊重人才,以人为本的用人理念,才能获得人才、留住人才,这是企业文化建设的重要价值所在。

3. 以诚信、务实精神服务加盟商

倡导"诚信"和"务实"的价值理念,为加盟商提供有力支持,是特许企业的基础。福奈特在企业核心价值观中就提出"共存—互动;共享—互助;共创—互利",强化思想上的认同,让每一位员工牢记总部与各个加盟商是作为整体而存在的,只有"共同""相互",才能实现目标。

在"百圆裤业",企业坚信只有服务好加盟商,让加盟商赢利,品牌才有机会生存并发展。每年的加盟商大会都可谓是最隆重的节日,会上不仅传递信息与知识,更是集思广益,讨论企业发展计划,提高工作业绩的重要

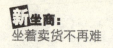

时机。

只有在加募、服务加盟商的过程中,始终倡导诚信、务实原则,才能保持总部与加盟商进行有效的沟通,实施有效的管理,增强加盟商对总部的信任。

4.企业文化的创新

全聚德集团董事长姜俊贤在谈到企业文化时,尤其强调"要以历史为基石,不断创新和丰富企业文化内涵,才能让企业文化保持活力"。过去,全聚德的企业文化是"全而不缺,聚而不散,仁德至上",这是由"全聚德"三个字提炼而来的。但随着全聚德的不断发展,整合了"丰泽园""仿膳""四川饭店""砂锅居"等餐饮品牌,并且与首旅、新燕莎有了战略合作后,全聚德集团的企业文化就需要创新了。

这些例子说明,企业文化作为企业管理的一种手段,需要根据战略目标、市场环境的变化而适时进行创新,以更好地服务于企业的发展。

5.参与公益活动,承担社会责任

特许企业是整个社会的一分子,"回报社会"对每个企业来说都是义不容辞的,这也是企业文化的升华。如阿瓦山寨餐饮企业成立了"阿瓦关怀基金",开展"阿瓦阳光"新年助学活动;荣昌·伊尔萨洗衣企业出资帮助一线困难员工;TNT快递公司在中国开展了和联合国世界粮食计划署合作的为失学儿童捐款的活动,同时组织加盟商共同参与,还开展了对艾滋病孤儿的捐助活动。

这些特许品牌都倡导企业和员工对社会的责任感,是一种非常值得提倡的企业文化,它会使整个特许行业的文化受到社会的肯定和尊重,也有利于特许经营模式的传播和发展。

6.塑造英雄、树立模范

如果说价值观是企业文化的灵魂,那么英雄和模范就是企业价值观的化身和体现。

在"象王洗衣",从上到下都讲着"狮子与羚羊"的故事,象王用它来鞭策和警示全体员工,要保持强烈的竞争意识,增强员工与企业同呼吸共命运的责任感、事业心。

"谭木匠"用企业一线员工的 88 个真人真事编辑出版了《我善治木》一书,形象阐述了他们所提倡的"诚实、劳动、快乐"的价值观。

7. 挑选有共同理念的加盟商

我国有两句成语,一句是"志同道合",另一句是"道不同,不相与谋"。说的都是一个意思:有相同理念的人才会在一起共事。

在特许企业中,只有特许总部和加盟商一起努力,才会使特许品牌真正成功。特许总部需要寻找有相同理念的加盟商,一旦你的加盟商认同你的理念,他们就很容易接受你的企业文化,这样才能共同推动事业的发展。

8. 发挥直营店的示范和传输作用

特许企业在向加盟商传播企业文化时,决不能忽视直营店的作用。许多优秀特许企业认为,企业文化之所以成为信仰,是因为企业文化是在吸收历史、总结现在、立志未来的基础上得到的,并经由直营店得到市场的验证。直营店起着品牌形象、商业模式及文化内涵的示范及传导作用。而连锁总部的管理者,不论是高层还是中层,都应该从身边做起,让企业文化落地,因为他们的一言一行都对企业文化的形成和传播起着至关重要的作用。

9. 培训和督导在传播企业文化中的重要性

统一共识、行动一致是企业文化实效的检验标准,这些需要依靠完整的培训和督导体系来执行。

在特许企业,新员工与新加盟商培训中最重要的一环就是企业文化培训。公司通过设计完整的培训计划,向员工系统地并且多形式地宣讲企业

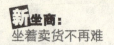

文化理念,使员工在未来的工作中遵从企业价值观,尽快融入到团队中。

有效的督导体系可以保证员工和加盟商的执行效果。督导员在保护企业文化方面扮演着非常重要的角色,这不仅仅是填一份报表。督导员要与一线员工沟通交流,通过与各个连锁店的日常接触,及时发现问题并进行督导。

10. 通过加盟商大会、内刊和企业图书凝聚企业文化

任何一种文化,要走向博大精深,源远流长,都需要用一定的形式和活动来展现并传承它的价值。对于特许加盟企业来说,加盟商大会是非常值得提倡的一种形式,可以通过加盟商大会,提高企业凝聚力,增强加盟商与总部及加盟商之间的沟通,增进理解。

案例:一茶一坐的终端文化攻术

一茶一坐在登陆中国内地后便不遗余力地布道其时尚休闲文化,通过其逐渐完善的"顺风耳"系统快捷地捕捉市场有价信息,凭借其切实可行的文化营销策略,一茶一坐在全国范围内掀起了"文化创意"的风暴。

前不久,在选购图书时,一本《茶之恋》映入眼帘,出于对茶业的爱好,我细细地品读了这本书,读后印象最深的却是书中经常描述的一茶一坐,这难道是该书的植入式广告?或者这原本就是一本广告的小说?虽然心中着实有种被一茶一坐营销一把的感受,但是这种营销传播手段既没有硬性广告那样直白,也没有硬性广告那种强迫感,而是属于软传播的范畴,是以其润物细无声的传播方式来达到传播的目的。

探究一茶一坐的这种软传播方式,发现其始终围绕着"时尚休闲文化"这一主线展开,通过不同的表现形式将一茶一坐的"时尚休闲文化"书写得淋漓尽致。

1.搭建文化载体

餐饮连锁是一个相对成熟且竞争白炽化的行业。20世纪90年代以来，随着各种档次的洋餐馆与本土特色餐饮的纷纷涌现，行业的新进入者如果没有精准的产品定位和创新的营销手段，是很难从成熟的市场中抢得份额并吸引日益挑剔的消费者的。

一茶一坐(上海)及其中央厨房成立于2001年，以致力于发扬中国茶及餐饮文化为己任，以打造第一个国际化中式餐饮的连锁休闲品牌为目标。2002年6月，一茶一坐在上海的新天地开设了第一家门店，在短短的8年时间里，一茶一坐以其独特的商业模式与特色品牌文化，以面向商务白领的精准定位配合层出不穷的营销方法，在很短的时间内实现了其市场占有，并积累了一批忠实的客户。

现如今，一茶一坐从当初的一家店开到了近100家店，从上海的一个地方开到了全国18个大中型城市，餐厅范围遍布中国的华东、华北、华南、华中等地区。从初次登陆中国内地市场，凭借着上海交通图和地铁来"读街"，最终将上海作为经营的起点，到今天"一茶一坐"在全国已经拥有7万名固定茶友；从单一的菜品和单调的门店环境，经过推陈出新，配合精心设计的大堂音乐、套餐文化、人性化座椅、礼品陈列，到如今每一个细节对于"一茶一坐"的目标消费者来说都是一次休闲时尚文化的品读，一茶一坐将糅合传统与时尚的茶文化符号印入消费者的脑海中。

一茶一坐不仅拥有长远且敏锐的眼光，而且也拥有具有较强洞察力的"顺风耳"，它以极强的能力倾听着市场的声音，并将其消化融合，继而快速推出新的营销方案，然后再根据市场与客户体验的变化推出更新、更好的营销方案，这样的循环周而复始，最终，好的思维方式被积累下来，而敏锐创新

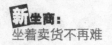

的营销策略成为企业高速成长的助力器。

一茶一坐为了准确地把握市场信息,在其内部建立了一套"顺风耳"系统,公司最早便应用了 ERP 和 POS 系统,为其积累下大量的客户和业务数据。2006 年年初,公司又购买了明基逐鹿的 BI 产品 Analyzer,通过 100 多套分析报表的在线发布,使公司能够根据数据来决定销售策略。

2. 文化之源

对于确定将白领消费作为一茶一坐目标顾客那天起,一茶一坐就在通过逐渐完善的"顺风耳"系统调查、搜集、整理、研究消费者的消费习惯和消费特点,从而制定出与之相适应的营销实施计划。

从"顺风耳"打探到的情报来看,美食已经不再是吸引顾客的重要砝码,即便是独一无二的美食也难于持续吸引顾客,反而是一种文化的向心力逐渐成为顾客难以挣脱的力量。每天下班之后,拖着疲惫的身躯,来到一茶一坐的门店,在轻音乐的按摩下,让自己的身心得以放松。再来一杯暖胃的红茶,茶香四溢,顿觉清新雅致,似乎走进了隔离尘嚣的世外桃源,真可谓是"宁可百日无肉,不可一日无茶"。如此置身世外的清闲自然是忙碌工作后的不二选择。

当这种习惯逐渐形成一种文化的时候,这个以茶和餐饮为招牌的一茶一坐,在某种意义上已经不仅仅是一个客户就餐的场所,在某种程度上,它已经成为打造一种文化氛围的梦工厂,已经成为体验休闲文化的重要场所。一茶一坐从其诞生的那天便把致力发展中国茶和餐饮文化作为使命,这也正体现了现代文明经商的商业文化,也真正把文化作为商业运作的重要内容和资源。

从最早的"文化搭台,经济唱戏"这种对文化的浅层理解,到今天的"儒商的时代",知识经济时代这种对文化的深层认识,都向人们昭示着一个明显的信号:未来竞争的焦点是文化,文化营销将成为未来营销的主旋律。只有通过文化推广的方式将产品融入到消费者的生活方式当中,企业才能立于不败之地。一茶一坐正是认识到了这一点,在企业理念的支撑下,制定并实施了文化营销的竞争战略。

3.将时尚休闲文化进行到底

一茶一坐为了充分发挥文化优势,实现文化的价值,实施公司制定的文化营销战略,于 2005—2006 年组织开展了"美丽茶壶创意教室"活动。

活动要求:在一茶一坐的所有门店举行美丽茶壶创意教室,但凡报名参加者,都可以在景德镇专业技师指导下,在茶壶上绘出自己最钟爱的图案和色彩。即使完全没有美术功底的人,也可以通过参加一茶一坐门店的统一授课,启发创意,最终绘出世界上独一无二的得意之作。创作者还可以同自己制作的壶合影,并参加美丽茶壶的评选。此活动将评出两个价值 1 000 元的实物大奖,以及 8 个特别纪念奖。

活动一经推出便迅速得到了一茶一坐茶客的响应,活动会员累积人数多达 3 000 多人,举办活动 200 多场。为了将活动做大,一茶一坐还联合其他知名企业共同举办,引起了更为强烈的反响。曾有一段时间,美丽茶壶创意教室成为了白领下班后的必修课,他们在享受自己创意快乐的同时也交到了志趣相投的朋友。

从其创意活动的本身来看,它不仅为参与者提供了高雅的创意舞台,而且也让众多的参与者体会到乐在其中的创意经历。一茶一坐充分抓住了消费者的生活特点,从而吸引到众多的参与者,进而将活动的范围放大,增强了社会影响力。

为了将"美丽茶壶"的故事延续、传承下去,一茶一坐力邀著有多部茶类

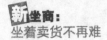

书籍并在报刊长期撰写情感专栏的著名作家吕玫执笔，并与"榕书下"合作出版了《茶之恋》小说，之后又与我国台湾著名词曲家合作，同时邀请东方卫视当红主持人袁成杰、"2006我型我秀"10强选手戚薇、影视演员陈彦，分别来演绎CD中的8首单曲，制作出配合小说的音乐CD，制成4万册小说CD套装在全国新华书店及一茶一坐各门店销售，同时在家乐福超市和上海各家铁书报亭及超市销售。

《茶之恋》讲述了在开展"美丽茶壶创意教室"活动中发生的一个真实的浪漫爱情故事，并以音乐的形式特别地演绎出来，成为红极一时的热门话题，并配合当下时兴、容易接受的Flash形式及10格漫画的形式将故事简单且动人心弦地叙述出来。

《茶之恋》封面

　　而且《茶之恋》音乐小说主要针对的是 60% 具有强烈消费冲动的白领女性。这部分白领女性，对于生活的满足，已经不仅仅停留在物质层面，而是转向对于爱情、幸福、感动等精神层面上的诉求，《茶之恋》正是契合了她们的这种需求，在阅读小说和欣赏音乐的同时，喝上一杯茶，可以很好地满足这样一群人的情绪需求。

　　一茶一坐本身就是一个品牌，当这些消费者走进一茶一坐就能看到《茶之恋》；而看到了《茶之恋》就有可能走进一茶一坐，这是一个联动的关系。针对部分来一茶一坐消费的客户，公司推出了"《茶之恋》+ 奶茶"的特别套餐，客人们几乎可以用比一杯奶茶多一点的钱同时购买到《茶之恋》和奶茶，同时《茶之恋》随书附赠一茶一坐全年优惠券，刺激他们的下一次消费。而其余在别处购买到《茶之恋》的消费者，除了对《茶之恋》本身的认可之外，也有小部分是冲着优惠券去的，不论其目的为何，都促进了《茶之恋》的销售，同时提高了一茶一坐门店的来客数。

　　活动效果如何，数字最能说明问题，《茶之恋》上市后，两个月售出 2 万册图书，单日销售最高数字达到 1 200 册的高纪录，一茶一坐实现销售利润60 余万元。2007 年 2 月和 3 月的营业额与 2006 同期相比，门店数从 19 家发展到 42 家，营业额增长 69%。

　　一茶一坐这个来自我国台湾的品牌，登陆内地之后在全国范围内布道其休闲文化，传播其休闲文化，让中国内地的白领阶层领悟传统与现代结合的文化特点，并把这种休闲文化渗透白领消费者的心理，从而影响他们的生活和消费。

第四章

新坐商的22条军规

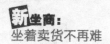
一、一个转型：老坐商 VS 新坐商

老坐商转型新坐商势在必行，否则传统的老坐商只有坐以待毙。

新坐商的目标是要做一个高附加值的品牌营销商，而不是一个简单的贸易商或物流商。

案例：天福茗茶的密林战略

天福茗茶作为诞生在我国台湾的茶叶品牌，1993 年开始登陆我国内地之后，已经在全国开设 1 027 家门店、7 家茶叶及茶食品工厂、两家茶博物院，两个高速公路服务区、1 个"唐山过台湾"石雕园和一个天福茶职业技术学院。其经营范围涵盖了茶叶、茶食、茶文化、茶业教育和茶业旅游开发等茶业经济体，这种茶业综合经济体的企业在国内茶业界可谓是绝无仅有。

天福是通过哪些方式在不到 20 年的时间就达到了如此规模？在国内拥有最多门店的天福是如何迅速布局的？它是凭借哪些优势实现了单店营业额的同行之最？又是凭借哪些优势实现了品牌的互补传播？

密林计划

20 世纪 90 年代，随着海峡两岸局势的不断缓和，我国台湾商人来我国内地投资兴业也与日俱增。作为在我国台湾经营多年的著名茶叶品牌——天仁也看到了我国内地茶业的发展之机，于是便选择了把福建作为总部基地，并将公司重新命名为"天福茗茶"，从而开启了天福在我国内地茶叶市场的纵横驰骋。

天福在经过对我国内地茶叶市场的调查走访之后了解到,我国内地当时的茶叶市场相对较为松散,没有形成完善的代理制度,茶厂只是通过部分著名的茶叶门店实现茶叶的销售,但是对于初来乍到的天福很难通过别的门店实现销售。对于天福来讲,这种受制于人的终端门店掌控市场的方式不是我国台湾企业经营的性格。

对于我国台湾企业来讲,自建渠道,多而密的开设直营门店是众多我国台湾企业的一致做法,我们称之为"密林计划"。不管是上岛咖啡还是永和豆浆,都是通过该计划自建门店来掌控市场,而且都取得了较强的市场竞争力。

天福在借鉴了其他餐饮业的发展经验后,首次在我国内地的茶业界实施"密林计划",即通过自建茶叶终端门店来实现真正的茶叶销售,进而来达到能够掌控某一区域的茶叶市场,从而实现企业盈利的目的。

天福门店装潢设计

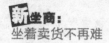

然而，"密林计划"的关键节点在于如何能够实现迅速的门店扩张，因为只有实现企业门店的规模效应，才能够真正地发挥"密林计划"强大优势。而门店扩张的关键又取决于门店标准化的制定和完善，只有实现了较为详细的门店标准化，才能够加快新开门店的速度，才能够保证门店复制的成功率。

在门店的标准化方面，天福对开设门店的装饰以及内部的摆设等硬件设备均有具体的要求，本着"精致典雅中国风"的设计理念，六分传统，四分创新，并且店面的设计每5年更新一次。

而对于门店来说，最难控制的是软环境的打造，天福是通过较为详细和完善的集中培训来实现的。对于员工的一般要求是掌握传统知识和茶叶知识，天福在茶庄内举办传统文化讲习班，聘请老师给员工讲授《三字经》《弟子规》及茶文化的相关知识。对于门店人员的言谈举止的规范，天福是通过具体的培训来实现的。比如，在天福茗茶店随时可以看到一张张自然微笑的脸庞，听到"早上好，欢迎光临"等亲切的问候。但凡走进门店的客人，立刻就能听到温暖的问候声，随后便能品尝服务员捧上的香气诱人的香茶（据访谈得知，问候及奉茶规定在30秒内进行）。

在天福店，每一位顾客都可以体验这种茶文化。在与门店员工沟通中了解到，员工要通过专业训练合格之后才能够上岗，经过两个月的试用期后转为正式员工。员工都有定期的培训，培训时间一般为1~3个月，培训内容有专业知识、销售技巧等。一些精英还会被派送到我国台湾进行学习。

天福正是通过系统的员工培训实现了软环境的标准化。在逐渐完善了天福标准化之后，天福的门店扩张驶向了快车道。下表是2000—2008年天福门店开设情况的统计。

天福 2000—2008 年直营门店统计表

年份	直营店/家
2000 年	250
2001 年	260
2002 年	300
2003 年	400
2004 年	460
2005 年	530
2006 年	610
2007—2008 年 1 月 12 日	765

此外,连锁店在我国内地各个中心城市的分布,也加快了连锁店和消费者之间的信息互动交流,即加快了企业将消费者发出的信息加以解读、设计和转化到媒介(产品)中去,最后以产品为媒介将信息传递给消费者(即消费者购买);也即加快了消费者向企业传递需求的信息。这便大大缩短了新产品的上市时间,以便抢先占据市场。天福产品的迅速更新换代,也得益于天福连锁店的迅速扩张。

密林升级计划

天福在实现了连锁门店的规模之后,虽然在整体的规模上有了重大突破,也实现了企业的良好盈利。但是作为致力于做大做强中国茶产业的天福集团,不再满足于当前的发展现状,便开始了围绕直营连锁店的上下延伸,从而实现茶业的全覆盖。通过产业链的延伸,天福实现了在茶业上下游的深入发展。

之后,天福通过现有优势的分析制定并逐步实施其"密林升级计划",即以现有直营门店为基础优化上游产业,通过形象提升实现直营加盟并举,进而将茶业引入快销模式,从而实现"茶为国饮"的茶业振兴规划,如下图所示。

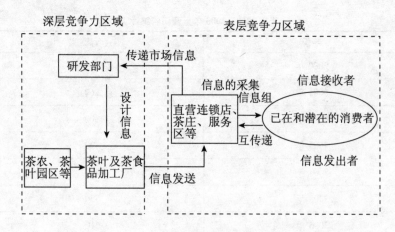

天福集团商业模式竞争力

　　天福长期建立的直营连锁门店不仅为公司带来了可观的利润收入，门店还是茶叶信息的转化窗口，为天福的研发部门、茶园、茶厂提供了一线的茶叶市场信息，为企业的决策提供了重要的依据，在某种程度上，连锁门店为天福在茶园和茶厂成功、高效的运作提供了信息流的支持。

　　天福在明确了自身优势之后，在完善上游产业的同时，也逐渐开始着手天福品牌形象的提升。为了做大天福品牌，提升天福的整体形象和行业地位，天福做出了三大突破。

　　第一，建立茶博物院。2002年，天福茶博物院作为世界最大的茶博物院，在福建漳浦开馆运营，成为中国茶文化的重要展示窗口。茶博物院内，不仅展示了从唐代至今的中国茶文化，还因为世界茶道源于中国，而设立了日本、韩国茶道展示区。这是天福集团投资兴建的公益文化事业，现已成为国家AAAA级旅游景区，农业部首批全国农业旅游示范点。茶博物院与旅游的结合，为茶文化的传播建立起了快速通道。

　　第二，建立了茶业"黄埔军校"——天福茶学院。面对中国茶业人才短缺的问题，天福集团投资2亿元，在漳浦梁山脚下创办了天福茶学院。这是世界上第一所茶业专科学院，同时也是世界茶艺界的最高学府。该学院已获得国家民办学校办学许可证,纳入国家统招计划,其《发展中国家无公害茶叶生产技术培训班》项目已列入2009年商务部援外培训项目。该学院不仅面向国内招生,还面向尼日利亚、老挝、俄罗斯等28个国家招生。这在中国茶文化教育史上是一次重大突破。

第三,在高速路口设置服务区。在漳诏高速公路漳浦段的天福观光茶园这个占地1 200亩的服务区内,热情且训练有素的服务人员为过往游客提供品茗、用餐、观光等服务,茶庄内的良心亭还24小时免费为过往的客人提供茶水。目前,在四川的成乐高速公路上,也有一个天福服务区。这些服务区的建立,既成为天福集团展示企业形象的窗口,也成为茶文化传播的新兴阵地。

天福通过上游产业的优化升级及品牌形象的打造,为天福的加盟和即将导入的茶叶快销计划奠定了良好的基础,而加盟连锁和快销计划的实施也为天福取得更大规模的发展做足了准备,进而推动了我国茶叶振兴计划的进程。

天福茗茶在我国内地逐步实施了"密林计划",并随着企业发展程度和市场环境的变化不断进行优化升级,从而实现了天福在我国内地茶业市场的异军突起,成为了我国茶业企业迅速成长的标杆品牌,也为我国茶业企业的发展提供成功的市场运作范例,这在一定程度上也推动了我国茶业的发展。

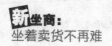
二、两个关键：株和抓

坐的关键在于株和抓，株是大店，抓则是好店。

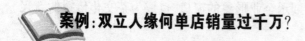

案例：双立人缘何单店销量过千万？

双立人品牌这两年在中国市场的成功是有目共睹的。它在上海东方商厦单店的营业额就能超千万。那么除了双立人那一贯高品质的产品，优质的售后服务，双立人在终端营销上实行了什么策略，令其可以持续高价销、高利销、高量销呢？

1. 终端店面主题明确，布置考究，彰显出双立人顶级品牌地位

双立人终端店铺的设计继承了德国人与生俱来的简洁、严谨、硬朗之风。采用银色与黑色两个冷色的完美搭配，更加突显红色的双立人标志，没有多余的装饰物及点缀，顾客置身其中便将更多的关注放在产品及导购身上。这便是欧美简洁风与亚洲过度花哨的装饰风格的区别。日韩的终端更多以图片及文字来展示产品本身的性能和特点，双立人品牌却完全关注产品本身的内在展示。而产品的特性完全靠现场的演示及讲解表达出来。因为简洁，所以主题突出，因为经典，所以尊贵！

2. 专卖店装潢材料考究，经久耐用，充分显示双立人品牌的精益求精

中国很多品牌的专柜或者专卖店为了一时之美，甚至根据主题的变换频繁对店面装潢进行改造，而又因为考虑到装修成本的问题往往要降低装修材料的品质。许多店家甚至将当季主题产品的照片充当墙纸。所以,很多时候,专柜才刚刚运输到位,就发生脱皮、剥落及划伤等现象,专卖店刚开张不久,顾客进门就发现脚下不平,地板拱了起来,质量根本不过关,更不用说考究了! 很多不应该露在外面展示给顾客的都暴露了出来。

双立人专卖店装潢考究,整体风格简洁流畅,杜绝展示和不必要的拖泥带水,你感受到的绝不是简单的产品叫卖,而是对严谨、认真的企业文化的充分体验!

3.坚持产品定位,不为一时的销售或者市场份额而盲目迎合顾客

国内许多品牌终端店铺的产品延伸几乎到了泛滥的程度! 感觉只要是能够销售的,就顺手拿来,顾客往往会感觉这类品牌产品泛滥而不专业。而品牌形象一旦受损,就很难恢复。双立人深深懂得这一点,所以,在我国内地的10年,双立人一直在进行有度的谨慎延伸,时至今日,双立人陈列在专卖店的产品没有任何一样偏离不锈钢和品质这两个主题! 产品的价格定位也始终如一,不会因为迁就部分消费者而开发一些中低端产品。这就是双立人产品的风格,这就是一线品牌该有的原则。风格来自内心的信仰和执著,品牌如人品,有原则才会赢得别人的敬佩和掌声! 一味地改变自己本身的风格和追求,而去追求单纯的销量和市场份额的增加,只会让顾客对你的经营目的和品牌定位产生怀疑!

4.终端商品陈列,品牌执行力的体现

无论你身在何处,在双立人专卖店你都能感受到同样的风格,同等的品质,这就是品牌执行力的体现。定位需要发散思维,而执行却需要一丝不苟的收敛。双立人做到了。就是这种终端执行力使品牌越加高贵。

而谈到国内品牌,往往就会谈到如何提升终端店铺的统一标准执行力的问题。这些品牌在一级市场往往具有较好的专柜专卖店形象,原因是公司领导经常莅临检查。而到了区域的二、三级市场,货品的陈列完全没有

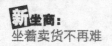
章法,甚至会让顾客感觉这个店铺是在卖假冒产品。究其原因,说到底就是终端品牌标准的执行力弱。从此点来看,中国营销人的职业心态尚需提高。

5.终端演示平台,演示的不止是产品,更是品牌的内涵

双立人在每家专卖店都设有独立的产品体验区,并且配备了方便顾客休息的凳子。从每一个细节出发,从烹饪的演示、卖点的讲解,再到性能的说明、顾客品尝的操作,无一不给人以踏踏实实的亲身体验。在双立人的专卖店,无论促销人员如何忙,如果有顾客前来驻足观望,他们都会停下手里的事情,主动跟顾客打招呼,而且沟通方式不会让你感觉到不适。当你来到产品体验区观看产品演示时,他们会非常耐心、细致、客观地向你介绍双立人产品的材质和结构性能,让你充分了解产品本身的信息是他们最主要的任务,而不是尽快促成交易。这种中性、客观的推广为双立人积累了品牌实力的口碑。

对比国内的产品演示,大多属于"锅在人不在,人在锅不见",讲解产品向古时候要把式卖艺的吆喝一般。更有甚者,在自己的演示台上摆放一台产品,而物料、人员统统不上,明白告诉别人"我没时间",而彻底地让顾客自己去想象。这样的品牌宣传效果便可想而知了。

国际品牌给我们的启示除了产品的高品质要求之外,更重要的应该是日复一日,年复一年的坚持了。

6.终端平台延伸,获得再销售

反思我们国内的终端经营,往往销售止于终端。顾客买了产品,促销人员要长长地舒一口气:"总算搞定了!"而对于双立人来讲,产品售出仅仅是销售的真正开始!中国国内的品牌很少在产品销售后打电话到顾客家里去问候,更不用说买好菜当一回厨师,成为顾客家中的一员了。

对任何品牌来说,产品销售仅仅是产品体验和价值实现的开始,而不是终止。只有满意、完整的价值体验的实现才是品牌得以建立并且健康传播的开始。双立人每销售一件产品,都会对顾客的信息进行详细的登记。双立人在北京、上海等地的专卖店,一般至少有两个班轮换的几组人,在一组上班进行产品讲解和产品演示的同时,会有另外一组对于前期购买双立人产品的顾客进行上门拜访,当然是根据前期销售时所登记的详细地址,并且通过电话预约,在获得主人的同意以后上门演示产品,帮助主人烹饪食物。

为了扩大产品和上门演示本身的影响力,促销人员会选择在主人家里来客人或者朋友聚会的时候上门。因为来客都是和主人情况比较接近的消费人群,这样做其实也是在悄悄地培养双立人潜在的购买者并巩固已有客户人群,获得口碑,培养新的购买人群实现再销售,并且成功传播品牌口碑,可谓一石三鸟。

当然,双立人的终端人群上门时还会自己带一些蔬菜和肉蛋类,作为给主人的加菜。每个月,双立人公司都会给予促销人员固定的交通补贴和购买蔬菜、肉蛋的补贴。主人既得了实惠还在朋友面前赚足了面子,何乐而不为? 把顾客的厨房成功地演变成了双立人的第二战场,正体现了双立人品牌经营智慧高明之至。

到此为止,推销已经转变成了实实在在的快乐生活,而且推销人员从一个策划者、实施者转变为活动的服务者和美食的烹饪者。变枯燥的产品销售为美味体验,这样的创意实在令人叹为观止,拍案叫绝。

7. 促销人员年龄相仿,着装统一,体现品牌定位和品牌的气质

国内许多品牌选择促销员往往唯量是举,不管 20 岁的小姑娘,30 多岁的少妇,40 岁以上的阿姨,只要能卖货,统统上阵。而且还给自己找个借口:"目前国内的消费者根本就不注重品牌!"其实不注重品牌的是他自己,自己抛弃了自己,然后才是顾客抛弃你。世间万物莫不如此。

双立人各个地方的代理商招聘促销人员一般都要在当地的媒体上刊登

招聘广告,这在行业内是不多见的。要进入双立人公司做促销人员,都要经过书面的考试,严格的面试和能力测试。分布在全国的代理商必须将销售人员送到上海接受双立人专业、系统的培训,而且销售人员的资历必须通过双立人的认证。

8.店铺选址的严谨性,绝不盲目扩张

中国许多企业做品牌,最喜欢的就是遍地开花,盲目扩张。往往能直营就直营,不能直营就拼命发展代理商、连锁店,只在意店铺的广度,而忽略了品牌的精度。这些企业的遗留问题大多数很一致,不是战线拉得太长不好管理,就是一旦遇到淡季,终端成本成为企业最大的负担。

双立人除了选择聚集高端消费人群的百货公司作为自己的产品展示和销售终端之外,其对于开发区域和经销商的选择有着更加系统甚至苛刻的标准。正如麦当劳、肯德基计划在一个地区开店,都要经过非常系统、深入和细致的前期调研那样,在对当地区域的人均收入,高收入人群中的数量,高档百货公司的数量,消费者对于家居用品的可支配支出等数据进行全面、准确地掌握之后,双立人非常理性、客观地推进了自身品牌在中国市场高端人群中的普及。对于部分区域的高端消费人群尚未达到专卖店设立标准的,双立人对于招商或开设专卖店的行为坚决叫停。双立人在上海经营成功之后,全国各地的经销商前来谋求合作和买断经营的络绎不绝,许多客户甚至开出非常优厚的合作条件,但是双立人对于尚未达到开店标准的区域都给以明确的回绝,比如江苏南通的一家非常有实力的经销商对于经营双立人产生了浓厚的兴趣之后,想尽办法,通过各种关系联系上了双立人的销售老总,得到的一句答复则是"目前南通市场还不适合开设双立人专卖店",这就将德国人的严谨作风表现得淋漓尽致。

双立人对于百货销售终端的选择同样接近苛刻,部分百货公司和家电专卖店为了提升自身的品牌形象,给予其免除一切进场费用和其他费用,并

且提供足够的展示空间的优越条件,希望引进双立人品牌,但是经过一番调查,最后大部分的百货公司和家电专卖店都被双立人婉言谢绝了。

正是对于自身品牌定位始终如一的坚持,才塑造出双立人高端消费群体日积月累的忠诚度的提升。舍得舍得,有舍才有得,双立人不断地回绝掉络绎不绝的合作伙伴之后,有选择和有原则地进行品牌拓展才逐步地把自己推上了伟大品牌的王位。有坚持才有品质。

9. 我们推销的不只是产品,更是生活

如果说有人看了万科的内刊《万科周刊》后,马上就跑去买了万科的股票;毫不犹豫就去买了万科的房子;就削尖了脑袋要加盟万科……那么双立人的内刊《双立人厨房》就是厨具行业的《万科周刊》。《双立人厨房》杂志为季刊,发刊时间是每年的1月、4月、7月和10月的中旬,老顾客凭《锅具十年质保卡》至各大双立人专柜,能够免费领取,而其网站上也有 PDF 版本可供下载。

10. 锅友会拉近品牌与顾客距离

如果说《双立人厨房》是双立人向目标人群投放的最终端广告的话,那么双立人锅友会就是双立人与消费者之间的品牌说明会。在锅友会中,双立人的演示人员会讲解锅具的保养及维护,甚至你可以将你做不好的菜拿到锅友会上让专业人员指导。当然你也可以根据《双立人厨房》之中推荐的菜肴来一场现场秀。口碑往往就是这样传播出去的。

而国内的品牌往往觉得快速成交,提高销量才是王道。觉得这种小型会议是浪费时间和资源。而正是这种特殊形式的会议,才真正将双立人与其他国内中端品牌拉开了距离。

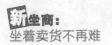

三、三个手段：高形象力、高议价力、高谈判力

新坐商的核心就是打造自身的高形象力、高议价力、高谈判力，让消费者觉得自己渺小，并把你当成品牌。

案例：索菲亚如何打造最贵最有品位的衣柜？

1981年，索菲亚衣柜创始于法国。2001年，创始人赫森弗雷兹先生基于中国消费者的需求，把SOGAL壁柜移门产品引入中国。在消化吸收壁柜移门设计理念的基础上，赫森弗雷兹先生把壁柜移门、手工打制衣柜和成品衣柜的优势有效地结合起来，创新地发展了定制衣柜，并在中国推出了索菲亚经典百叶系列衣柜，由此拉开了定制衣柜在中国发展的序幕。

2003年，广州宁基公司正式投产。索菲亚以量身定做的品牌核心价值理念成功赢得了市场，产品和设计广受消费者的喜爱，成为众多企业竞相模仿的对象，索菲亚成为中国定制衣柜行业的金牌企业。

2004年11月，宁基公司与SOGAL FRANCE公司成立中法合资企业"广州索菲亚家具制品有限公司"，共同开发衣柜五金配件。

2005年，索菲亚开始了信息技术在定制衣柜生产制造上的普及应用，从而彻底解决了衣柜定制和规模化生产的矛盾问题，开启了定制衣柜规模化生产的时代,一举改变行业格局,直接催生了中国定制衣柜行业。

如今,中国定制衣柜行业的发展渐趋成熟,而索菲亚衣柜经历了近十年相对比较成熟的发展后,已在全国建立了庞大的销售网络,网点基本覆盖各省市,索菲亚产品受到广大消费者的喜爱和追捧,其品牌知名度和影响力在行业内首屈一指。

1. 本土化策略 = "洋的" + "土的"

索菲亚作为法国的一个品牌,缘何能在中国得到平稳的发展? 很多国外品牌进入中国之后都会遇到"本土化问题",比如快餐业的肯德基,通过推出油条等中国式产品来迎合国内消费者的口味。再比如宜家家居,在欧美市场,其定位是"人人买得起的产品",而在中国,其目标顾客就变成了白领、小资一族。索菲亚衣柜同样如此,如何既保持品牌本身传统的气质,又能被中国消费者所接受?

对此,索菲亚把"洋的"和"土的"做了一个有机的融合。所谓"洋的"是指品牌的内涵、产品的气质和设计等,这是索菲亚品牌作为一个法国品牌的"魂"。所谓"土的",是索菲亚根据中国市场的特点对于自身的一些服务模式和渠道模式进行的"本土化创新"。

在法国,因其国土面积不大,索菲亚的销售主要集中在超市或小的展厅,而在中国,老百姓往往希望能看到的东西更多一点,为此索菲亚开设了旗舰店等模式,这在法国本土是没有的。其次,索菲亚在法国是顾客回家自己动手做,自己安装,而在中国,则需为消费者提供一条龙的服务。近年来,中国衣柜市场快速发展,单靠法国本土的设计团队已经无法满足市场的需求,为此索菲亚在中国成立了自己的设计团队,针对国内消费者的喜好进行相关产品的设计。正是通过上述"洋的"和"土的"的有机结合,使索菲亚能够在中国很好地落地生根。

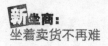

引领行业,贵在坚持

如今在中国,定制衣柜已被越来越多的消费者所接受,介入其中的企业也越来越多,口号也越喊越大,有叫"定制家居""整体家居"的,也有叫"整体衣柜"的,而作为行业开创者的索菲亚则恪守"定制衣柜"四个字,始终坚持为每一位顾客"量身定做"。在中国定制行业还没有完全成熟、规范时,索菲亚的低调朴实赢得了消费者的信任,即使如今索菲亚进行产品的横向发展和延伸时,其终极诉求依旧是量身定做衣柜,正是基于这份"做精不做多"的理念,索菲亚在专业化通路上越行越远。回顾索菲亚过去十年的成功,原因就是其始终如一的坚持。

2. 品牌气质 = 产品品质 + 渠道质量

在中国,索菲亚将自身定位于中高端市场,这是索菲亚基于对自身品牌气质的自信。品牌的气质需要产品的支撑,而索菲亚对于每一款产品都精雕细琢,从"细节"和"功能"入手,在衣柜的质感和生动感上寻求突破,让衣柜在满足消费者基本的收纳功能上,提升了主人的穿衣品位和居室品位。

为此,索菲亚不断对自身的产品进行创新,比如玻璃材质的花语系列和凹凸镂雕感的白蔷薇系列,通过衣柜门中间腰线的创新给产品"画龙点睛",使整个衣柜动感十足;再比如卡昂皮纹系列,通过把皮革运用到柜门上,满足顾客对质感的需求。从早期的尼斯百叶、冲浪百叶到如今的香堡年轮、花语系列,索菲亚精心为每一个系列配以不同的文案,让消费者在购买衣柜的同时体验索菲亚的独特文化——法国浪漫主义生活态度。

正是通过对自身产品的不断打磨,索菲亚既满足了中国消费者"喜新厌旧"的喜好,同时也将"源于生活,高于生活"的品牌气质传递给消费者。

索菲亚的品牌气质不仅体现在产品上,还体现在销售渠道上。如今索菲亚在中国已有300多家店,整个销售网络已基本覆盖全国各省市,目前正在往二、三线城市发展。索菲亚并非盲目扩张,而是依旧坚持自己中高端的品牌定位,精心挑选经销商和考察目标市场的消费者容量。即使有了消费潜力,索菲亚还要看在市场上有没有合适的展示位置,只有在"天时、地利、人和"三者具备的情况下,索菲亚才真正进入相关市场。

3. 成功 = 内功 + 外功

衣柜行业成功的关键在于"传统产品 + 新式服务",当年索菲亚能以薄弱的力量在中国做起来,凭的正是在衣柜这个非常传统的产品上加上新服务方式——量身定做。未来索菲亚想要继续在衣柜行业独领风骚,还须在内、外功上进一步修炼。

所谓内功,就是产品 + 服务。中国消费者越来越挑剔,他们对产品不但要求经典还要求新颖。索菲亚只有进一步提升自己的产能,在加强衣柜品质的同时根据自身的特长在产业链的上下游做一些延伸,这样既可丰富衣柜产品的选择,同时也可以使索菲亚的衣柜与卧室甚至家居各个领域产品和风格相和谐,以此满足消费者对不同装修风格的需求。

如今,索菲亚不仅卖衣柜,更是卖一种文化。文化营销的关键在于坚持互动与服务两个方面。只有互动才能成功,只有互动才能成就营销。索菲亚一方面要通过各种方式吸引更多的消费者去体验馆亲自感受;另一方面要加强自身企业文化的建设,统一理念,统一思维模式,统一行为模式。通过企业内部的培训来不时地传达企业的文化,开创企业内刊,开展拓展活动,加以专场的外训,最终保证终端优质的服务。

所谓外功,就是指宣传和广告,正所谓好产品需要有好的活动来推广。索菲亚已经通过"柜在永恒"等活动尝到了甜头。衣柜行业需要与消费者不断地沟通,只有通过举办相关活动,索菲亚才能从消费者那得到最直接、最真实的反馈,从而为产品设计研发指明方向。

索菲亚衣柜形象店（1）

索菲亚衣柜形象店（2）

索菲亚衣柜形象店（3）

　　品牌就像一座房子,需要很多柱子来支撑,虽然索菲亚的品牌、底蕴很足,背景也很好,先天优势很强。但就目前越来越激烈的市场竞争来说,这些都不是决胜的要素,索菲亚只有进一步提升自己的内功,辅以外功,才能在衣柜行业继续引领风骚。

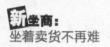

四、四个环节：进店数、成交率、客单额、满意度

进店数、成交率、客单额、满意度是新坐商的四个环节。

案例：诺贝尔倒着做终端

诺贝尔，一个似乎没有"品牌故事"的企业，一个似乎没有"品牌传奇"的品牌。然而，就是这样一个不被绝大多数业外人士所熟知的品牌，却在低调地一路前行中，以终端锁定所有对手和消费者的眼光，以终端引爆销售的裂变式增长。诺贝尔瓷砖三年实现三级跳，成为瓷砖行业名副其实的行业第一品牌。

1. 十年的终端之"痛"

1992 成立，1993 筹建，1994 年产品开始正式上市的诺贝尔，当时企业名称为杭州协和陶瓷有限公司，产品品牌为晶达，借着行业形势大好的东风，可以说是开局顺利，一期工程的产能已不能满足市场的需要，于是，1995 年、1996 年迅速上马二期工程，并完善原先的单一产品格局。

然而，进入 1996 年后，随着众多的国内外企业和资本纷纷切入瓷砖行业，原先供不应求的局面被一下子打破，众多的企业开始"祭"起了价格战的大旗。晶达也不能幸免。

同时，由于起步阶段所设计的"大批发"和"大流通"的渠道战略，使得渠道与价格的矛盾空前突出，而渠道的不受控、价格的矛盾及价格战的冲击，使得晶达无法在品质和价格之间寻求合理而有竞争力的平衡。

原本一路坦途的晶达,一时间陷入了发展的困境中。

原因就是因为终端不受控导致企业与消费者的沟通链条断裂,使产品无法做足品质文章以提高溢价能力,同时,由于渠道的层级繁杂导致产品的零售价格居高不下,无法对抗对手的竞争。

于是,痛定思痛的晶达,开始谋划掌控渠道、接近终端。

但是,晶达人很快发现单纯在现有基础上谋划渠道和终端变革及改良,并没有什么起色,就像隔着靴子搔痒,终端依然不受控,销售业绩始终在1亿元左右徘徊。

在与市场和渠道的博弈中,晶达的领导人终于认识到,要想改变渠道和终端的游戏结果,必须改变现有的游戏规则。

于是,晶达人决定以品牌、渠道和终端的同步联动和变革来实现终端变革的目标,从而实现企业的战略目标。

1997年,晶达开始逐步限制批发商和大流通,做到了1亿多元的晶达品牌也开始退出历史舞台,取而代之的是全新的中高端定位和系统规划的诺贝尔品牌,通过招商、授权、合作等形式直接运作专卖店,最高峰时,全国有400家专卖店。但是,聪明的诺贝尔人虽然考虑到平稳过渡和企业实力的限制,采取了与经销商合作的形式来运作专卖店,但是他们并没有忘记变革的初衷就是要运作终端、掌控渠道,于是在战略性市场,如上海、北京等地则采取了自建专卖店的形式,虽然数量上只有5%左右,但这5%却为未来的瓷砖零售业态转型预埋了"管线"和点燃了"星星之火"。

2. 倒着做终端

如果说,十年的终端之痛,让诺贝尔人真正懂得了制掣渠道必须牵住"牛鼻子"的话,那么,倒着做终端则使诺贝尔制掣渠道终端为王成为可能。

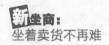

原先的大批发商没有了,取而代之的是覆盖全国的 400 家合作型和自控性的专卖店,但是,以中高端定位的诺贝尔品牌在短时间内获得了合作的经销商的认可,但是,终端的最终动销,尤其是配套的物流和服务却成为难题。

作为全新的中高端定位的诺贝尔,只有通过部分人群的尽快试用和优良的服务及品质保证才能尽快构建品牌的口碑,从而实现良性的动销和服务循环。

但是,诺贝尔发现,"一竿子捅到底",直接服务于各终端和专卖是完全行不通的。一方面,自身还不具备如此的现实资源,另一方面经过调查才知道,外来瓷砖品牌为了做终端而终端的大投入小产出几乎是负债经营。

两点之间,直线最短。

但诺贝尔必须架构一张"网",通过一条条的"线",只有尽可能把更多的"体"输送到终端上,才能真正完成产品到商品的"惊险一跳",才既符合瓷砖这个特殊产品的营销特性,又能在市场竞争中比其他对手做得更好,赢得更多。

在总经理骆水根的授权下,在以营销副总杨伟东为代表的营销团队的摸索中,诺贝尔在艰难的反复修正中成长,在痛苦的抉择中放弃,最终造就了诺贝尔砍向市场的 3 柄利刃——强大的全国性销售网络、战略性市场与主导性市场的物流网络、定位于中高端的产品战略。

经过 10 年的发展,诺贝尔形成了以北京、上海、成渝、武汉、广深为战略核心,其他省级城市市场为主导,众多二级城市为补充的全国性销售网络。

与此同时,诺贝尔还顺利实现了营销组织的转制,各省级分公司是诺贝尔瓷砖各区域市场的营销管理和执行组织,并且由此组建了各分公司直控的物流中心,形成了全国战略性市场和主导性市场的物流中心网络,基本控制了全国战略性市场和主导性市场的物流。

诺贝尔旗下主要产品仿石外墙砖、完全玻化石、欧式经典瓷片、仿古砖、水切割艺术砖等多系列中高档高品质产品战略,让诺贝尔瓷砖在呈现"哑铃型"的瓷砖行业的发展极度稳健。

3.终端战略化

进入2002年,建材业的零售业态正悄悄发生变化,新的以专卖型终端为主导的售卖方式正在开始成形;与此同时,建材连锁卖场逐渐壮大、家装公司、工程消费对瓷砖销售影响力日益强大。在消费者方面,消费者的需求越来越品牌化,对家居生活的要求稳步提高,"一地鸡飞式"的建材销售模式开始让消费者有所厌倦。

同时,行业的竞争格局正在逐渐成形,以斯米克、亚细亚、冠军等为第一阵营、以诺贝尔、东鹏、罗马等为第二阵营及广大中小品为第三阵营的市场划分战和攻坚战日益深化,从拼价格到拼花色,从拼质量到拼品牌,从拼渠道到拼终端,市场无时不弥漫着战火的硝烟,诺贝尔只有凭借不断地与时俱进并以高于行业发展的速度才能挤入第一阵营,也才能真正奠定行业的中高端领导者的位置。

对于诺贝尔来说,首要任务就是要尽快突破5亿元的发展规模,这样才有可能首先挤入第一阵营,进而成为行业领导者。

品牌有了,渠道也有了,产品也有了,对于行业的领先品牌来说,这是必不可少的,诺贝尔也不例外,但诺贝尔既没有什么领先优势,也没有明显的弱势。因此,只有真正把终端激活了,一方面调动经销商和营业员的积极性,另一方面激活消费者的现场购买欲,从而充分地提高"单店营业力",真正地搞好"终端的动销率",诺贝尔才能与其他对手拉开差距,这也才是企业间竞争的关键因素。

"得终端者得天下",这不仅仅是挂在口头上,诺贝尔还把终端作为企业的营销战略的最核心的内容之一和作为其实现行业第一品牌飞跃的战略发

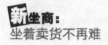

力点和落脚点。

4.做足"终端点"文章

"单店营业能力提升"，是诺贝尔瓷砖营销战略的核心。

下表所示为诺贝尔瓷砖的品牌写真。

诺贝尔瓷砖的品牌写真

产品	高端、高品质、多系列瓷砖
价格/服务	价格高/服务好
顾客	注重生活品质的追求
品牌形象	瓷砖专家，品质家居生活提供者
品牌定位	高品质瓷砖，奉献给追求品质生活的人
广告语	品质生活，值得拥有
品牌感觉	实用价值与审美价值完美统一
品牌关键词	品质，包括产品品质和生活品质

由此，诺贝尔瓷砖在终端处处彰显以"品质"为表现的核心终端建设。

(1)硬终端品质第一。所有的专卖店都标准化装潢，样板间和抽拉样板、洽谈区标准、形象板、地面、软装饰等不仅仅建立标准化设计样板，同时严格控制施工，以保证诺贝尔瓷砖在建材市场、建材卖场第一硬终端的形象，如在战略性市场，首创瓷砖行业第一家1 000平方米和2 000平方米的豪华型样板店和展示店。

(2)软终端品质第一。标准化是以产品品质为核心、导购人员的"专家型"推荐、终端细节管理武装到牙齿、严格的终端督导制度与执行、健全的终端人员培训制度等，都是要保证诺贝尔瓷砖的各终端始终如一地在各细节上都做到行业第一。例如，对导购员实行的业务代表行政管理、培训专员培训管理、市场督导监控管理、顾客满意管理的四级管理体系，真正把导购员培训成既具有"狼性"，又具有"磁性"，还具有"专家性"的销售顾问。

在品牌传播上，考虑到行业的低关注度的特殊性和消费者的针对性(不买瓷砖的人和不与瓷砖打交道的人几乎不去关注它，而只在有需要时才会去关注),诺贝尔瓷砖同样集中资源在终端发力,基本的策略是只要消费者开始关注而走到瓷砖的终端现场,就一定能够被锁定,而把其他大众性媒体仅仅作为提示性媒体,以便发挥其对消费者品牌提醒的作用。

(1)以产品品质为重心的产品手册,理性地阐述诺贝尔瓷砖的产品品质优势。

(2)坚信产品展示、终端建设本身就是最好的广告,以此进行品牌形象的展示。

(3)在硬广告投入上,以建材市场、建材卖场等终端广告为主要广告手段,直接在相关市场突出诺贝尔品牌形象。

(4)重点做特殊时期的电视广告(如奥运会期间的电视广告)和提示性广告(少量但重要频道的电视广告),以符合诺贝尔瓷砖资源特征。

5. 以终端为核心的伙伴型经销商关系的建立

诺贝尔瓷砖与经销商的伙伴型关系的建立,是以经销商最为关注的终端为直接协销对象来展开的。

在终端建设上,诺贝尔瓷砖采取灵活多变的手段,帮助经销商共同建立优势终端,以诺贝尔运作比较有代表性的重庆市场为例,分公司在与当地经销商的合作关系上主要采取以下三种模式。

(1)分销经营模式:经过分公司认定的优势地段,利用经销商已有的门店,由诺贝尔公司统一装修布置,年终返利。

(2)委托经营模式:公司选址并负责装修,门店的租赁权属于公司,一切经营费用由经销商承担。

(3)承包经营模式:公司负责租店装修,租赁权归公司。承包者向公司交纳适当的保证金,除租金外,其他经营费用由经销商自己负担,经销商每月要向公司交纳一定金额的房租补贴。

在具体的运作手段上,则是:

(1)掌握终端门店的选址和租赁权,有效地将该终端的使用权掌握在分公司手中。

(2)终端门店的装修,既统一了终端形象,发挥了终端的硬广告效应,同时又对竞争对手起到了威慑作用,激励了经销商的销售热情,使其没有理由不去维护好硬终端,做好销售工作。

(3)对经销商的选择十分切合市场发展实际。撇开财大气粗的经销商,扶持想求发展的经销商。适当控制经销商的利润和规模,迫使其稳步地、脚踏实地地往前走。

(4)重视对终端营业员的招录和培养,使营业员也有做老板的机会。这样对经销商也是一个潜在的鞭策,逼迫他们做出表率,你做不好,你就走,自然有人来顶替。

(5)业务员的深度协销和分公司的相关支持性政策,体现了企业对经销商的关心和帮助。

这五个方面工作的灵活运用,既保障了公司对销售终端的有效控制和良性发展,又保障了经销商的利益,真正体现了"双赢"思想。

总是抢占最好位置的诺贝尔终端专卖店

6. 以 KA 为核心的直控型终端的建立

对于建材大卖场(如百安居)和店中店形式的建材市场(如好饰家)这样的 KA 型终端,诺贝尔瓷砖更是不惜重金,以店中店、形象店、专卖、专柜等形式将其建成自己的直控型终端。

除了占领最佳位置、做好装修等硬终端建设及加强软终端建设为直控终端建设的根本外,诺贝尔直控型终端担负着更加重要的使命:终端的样板作用、品牌展示作用、未来终端渠道主流承载大部分销售份额、对其他渠道的示范和推进作用等。

为此,诺贝尔瓷砖将 KA 运作划分为两大部分:线上部分由总部执行,主要是全国性谈判、进场、客情等事项的执行;线下部分由各分公司执行,主要是对各具体单店的促销、销售等营销活动的具体执行。

对 KA 的直控,也进一步加强了诺贝尔瓷砖对 KA 业态发达的战略性市场(如上海、北京、深圳等)以及相对发达的主导性市场(如省会城市)的直控能力。

要点:

(1)良好的终端不仅仅是销售,它更是品牌展示、消费沟通、产品感知的最佳品牌接触点。

(2)渠道为水,产品为舟,品牌为帆,终端为岸。没有了终端,船就永远无法靠岸。

(3)"终端为王,单店提升"是策略,更是战略,是务虚与务实的高度结合。

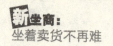

五、五大标准：卖得多、卖得好、卖得长、卖得高、卖得值

卖得多、卖得好、卖得长、卖得高、卖得值是新坐商的五大标准。

📖 案例：苏泊尔，每天每店多卖一口锅

苏泊尔是中国炊具的第一品牌，爱仕达紧跟其后，并将其他炊具企业远远地甩在后面。多年来，两个品牌成为中国炊具市场的"双雄"，双方你来我往，上演了一次又一次经典的营销战役。虽然苏泊尔始终占据第一品牌的地位，但是在卖场渠道竞争中落于下风始终是苏泊尔人心中的痛。带着这样的命题，2005 年秋季，我们作为苏泊尔的营销顾问，深度介入到以卖场类渠道为主导的上海市场。经过为期一个多月的终端调研，我们发现，终端产品组合的粗放管理是制约苏泊尔单店销量提升的重要障碍之一。

苏泊尔导入每天每店多卖一锅后的形象终端

1. 终端产品管理的粗放, 阻碍了苏泊尔卖场单店销量的提升

苏泊尔在终端产品组合方面投入的各种资源总量与主要竞争对手爱仕达相近, 远远超过家能等品牌, 为何在组合力度方面表现出的竞争力不尽如人意呢? 主要原因不是苏泊尔的品牌影响力、产品品质、功能等不如人, 而是其对品项的粗放式管理导致的。

粗放型的产品管理可能因为有某方面的优势(如资金实力、品牌、产品优势), 仍具有一定的竞争力, 但随着市场化进程的深入、行业整体营销水平的提高, 这种粗放营销的竞争优势正在衰竭。

在全国, 苏泊尔领先于主要竞争对手爱仕达, 但在上海却不敌对方, 相当一部分原因是粗放式的竞争管理指导思想下的竞争武器, 包括资金投入、品牌、产品等在上海市场没能对爱仕达形成相对优势。

2. 依靠细分市场分层分析来确立产品战略

对品牌众多、竞争激烈的炊具行业, 必须对价格、市场占有率进行矩阵式市场细分, 才能发现自己的缺失并探询新的市场机会。

细分结果表明, 苏泊尔炒锅产品在300~600元的竞争力比较强, 而在其他价格细分领域, 竞争能力均不够强, 存在市场机会。

3. 依靠动态筛选优化来保持终端产品组合的获利能力

销量、获利能力的提升, 关键在于对每个终端的精细化管理, 提升单店营业能力, 可以通过对重点终端进行动态实时监控, 来筛选、优化每个终端的产品组合, 使之成为最有竞争力的产品线组合。

动态筛选优化三部曲之第一步: 制作重点终端炊具产品(周)销量统计表。

反映的基本要点: 起到知己知彼的作用, 反映出单品/规格/材质/种类的销售量、销售额、退货、缺货, 自己和竞争对手的促销、广宣情况等。第一步的统计工作是整个筛选工作的基础和核心。

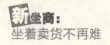
动态筛选优化三部曲之第二步：对畅销/滞销的单品/规格进行个别分析。

根据统计数据和其他相关信息进行分析，主要分析角度有：竞争原因、配套广宣物料、价格、演示/导购、产品本身、卖场特点、市场空白、趋势动向等。

动态筛选优化三部曲之第三步：对单品/规格进行适时调整。

根据问题原因制订针对性调整方案，视卖场合同、规章、客情情况进行及时调整，包括价格、推广方式方法力度、增加品项和淘汰品项等。

在终端调研中发现，现有终端品项中，无效品项数量较多，其中一部分是需要考虑淘汰的品项。终端陈列数量固然重要，但是最重要的是陈列质量。数量再多，质量、效率不佳，也不是好的终端陈列和产品组合，也难以形成高效的销售能力。

重新优化产品组合后的苏泊尔终端专柜

4.终端主推产品紧扣主流产品

(1)什么是主流？

能够引领炒锅发展方向的产品、技术；

能够为多数消费者认可和期望的功能、益处。

(2)炒锅"无油烟"是当前发展主流。

定量调研和定性调研显示，上海消费者对"无油烟/少油烟"的关注度排在第一位。

从上海的主要炊具品牌主推产品方面来看,从进口的顶级品牌(乐锅、双立人等)到国内知名、普通品牌(爱仕达、锅宝、凌丰、格朗德等),纷纷以无油烟为主推卖点。所以,"无油烟"炒锅是当前发展的主流产品。

(3)确立主推产品的基本条件。

品类:具有较大容量的细分市场,具有上量(销售额)条件。

技术:符合发展潮流或者领先潮流,技术是领先的、成熟稳定的,适宜长期推广。

形象:符合公司整体品牌形象。

毛利:达到公司期望的高毛利水平。

(4)推广主推产品的主要原则。

数量:一个品类中一般只选一款。

时间:持续地推广,不是季节性或者临时性地推广。

价格:制定价格时预先考虑到推广时有关折扣、赠品的价格弹性。

推广:从产品到包装、陈列、助销物料、媒介宣传等都是焦点。

(5)主推与主流产品结合是制胜的关键。

确立产品线中的主推产品的目的是集中公司各种资源,获得最大的单品推广效果和总体的创利能力。而只有主推符合市场需求、消费者高度关注的产品,才能做到顺应市场潮流而动,取得事半功倍的效果。

一段时期以来,上海卖场类终端中,主推产品与主流产品结合方面,苏泊尔处于下风。爱仕达陶瓷无油烟不粘炒锅虽然也有一些难以克服的缺点,但是由于大胆打出"无油烟"概念,利用广泛、持续的演示活动进行推广,在消费者面前展示出无油烟(实际上是少油烟)和物理不粘的形象,得到了消费者的认可,单店演示推广可高达5万元/月,抓住了炒锅发展的主流。

那么,我们如何细化苏泊尔终端组合,甚至打造出终端最佳组合模式呢?

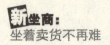

5. 每天每店多卖一口锅

我们提出了"每天每店多卖一口锅"为核心的战略方案,以单店终端营销为突破点找到苏泊尔前进之路。

第一阶段,我们找到上海市场内苏泊尔最好的终端店铺,调拨销量最好的导购,将苏泊尔旗下产品铺设齐全,并配以最大力度的促销,丰富的赠品。以这些为基础,要求导购按照之前的营业额每天多销售一口锅。先主推最便宜的锅,之后再推中端价格的锅具,依此类推。通过以上所有因素的不断组合、排列,我们得出了每个因素对于终端店铺销量的不同影响度,同时得出了最佳营销方案。

第二阶段,我们将终端店铺最佳营销方案放到上海市销量一般或比较差的店铺中试验。同样要求导购每天多卖一口锅。经过几天的调整,我们发现终端店铺最佳营销方案在销量较差的店铺中实现了多卖一口锅。

第三阶段,我们将成功的模式推向全国二级市场,之后推向三级市场。发现通过不同的组合配比,此模式可以令全国大多数终端店铺每天多卖一口锅。

单店单日多售一口锅也许对业绩提升没什么作用。但是全国大多数终端店铺每天多卖一口锅对苏泊尔的销量提升却是空前的助力。

加之此后不断更新促销活动(如全国以旧换新活动),推出准确的产品链(及时推出新产品,快速淘汰瘦狗产品),苏泊尔快速地成为了中国销量排名第一的厨具企业。

六、七种策略:查、析、导、传、帮、督、控

查、析、导、传、帮、督、控是新坐商的七种策略。

案例:鳄鱼漆小店 30 万元的生意经

　　南京高淳县的张总是从事鳄鱼漆终端零售的门店老板,这两年他逐渐富裕了起来,主要是因为他所经营的鳄鱼漆门店年营业额由当初的 5~10 万元,一下子猛增到了 30 万元。同样位置的门店,同样面积的门店,同样数量的门店员工,却产生了如此的收入反差,是什么促使了一家小小的鳄鱼漆门店的迅速成长? 又是哪些因素保证了这家鳄鱼漆门店的巨变?

经过适当改造后的鳄鱼漆小店

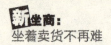

鳄鱼漆尝试在部分区域终端门店施行 30 万元的销售计划,而南京高淳县正是该批试点区域的首选地。鳄鱼漆的项目组经过对该店的走访和了解之后,对该店当时年营业额在 5 万 ~ 10 万元的现状进行了分析和研究,给出了该店的改进计划,并对终端店实现 30 万元的销售目标给出了科学、具体的实施方案。

方案中明确规定,经销商必须要树立财务分析和成本核算的意识和概念,才能进行盈利分析,才能真正学会赚钱,而不仅仅是完成厂家下达的任务。于是,项目组先对鳄鱼漆经销商的投入与产出做了详细的核算分析,如下表所示。

项目组对鳄鱼漆的投入与产出的核算分析

项目	科目	细则	合计/元
支出	店面租金	1500 元/月 × 12 月	18 000.00
	人员工资	2 人 × 800 元/人/月 × 12 月	19 200.00
	水、电费	2004 年的水费与电费	1 500.00
	市场管理费	100 元/月 × 12 月	1 200.00
	税收	150 元/月 × 12 月	1 800.00
	电话费	1 000	1 000.00
	合计		42 700.00
销售鳄鱼收入	销售鳄鱼毛利	300 000 × 14%	42 000.00
	年返利	300 000 × 4%	12 000.00
	合计		54 000.00
销售杂牌涂料收入	合计	50 000.00 × 30%	15 000.00
销售其他辅料收入	合计	60 000.00 × 30%	18 000.00
2004 年纯利润		54 000.00 + 15 000.00 + 18 000.00 − 42 700.00	44 300.00

经过投入与产出的分析,不仅让经销商明确了自己的盈利方向,也为自己门店的成本控制做了详细安排;不仅为经销商提供了门店突破口,也为经销商做好鳄鱼漆品牌树立了坚定的信心。在明确了经销商的目标之后,开始对目标进行细分,即30万元的销量等于530桶25 kg铁桶装鳄鱼负离子"超易洗"墙面漆,也等于1 160箱5L4听装的10合1鳄鱼漆。

1. 盘整门店产品结构

鳄鱼漆项目组在当时的调研中了解到,高淳县的这家门店,当时不仅销售鳄鱼漆而且也销售相关的一些辅料,而且对于所经营的产品也没有主次之分,逮到什么样的客户就是什么样的客户。下表是其当时鳄鱼漆经销商经营的产品利润情况。

鳄鱼漆经销商经营的产品利润情况

种类	毛利润率/%	种类	毛利润率/%	种类	毛利润率/%
1K哑白	15	2.4美纹纸	25	羊毛刷	20
稀释剂	12	3.6美纹纸	25	精白回丝	36
胶水	18	纸绷带	13	砂皮夹子	37
无苯801	32	网格绷带	13	铁板	20
香蕉水	54	金属护角带	20	毛笔	28
二甲苯	21	滚筒	23	口罩	33
酒精	12	滚筒兰套	25	手套	36
万能胶	13	滚筒绿套	25	色精	28
白胶	16	船用刷	25	腻子粉	14
钉眼腻子	52	油灰刀	22	滑石粉	13
弹性腻子	55	美工刀	23	石膏粉	15
熟胶粉	15	刀片	25	白水泥	13
百得胶	22	铁砂	38	防渗剂	34
防霉硅胶白色	16	水砂	40	勾缝剂	32
防霉硅胶透明	20	颜料粉	15	防锈漆	37
避水浆	9	钢丝球	35	酚醛清漆	35
原子灰	11	—	—	—	—

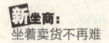

项目组在了解到该店产品的利润情况之后发现,整个辅料、五金、化工的平均利润大致在 30% 左右,对经销商而言,属于暴利产品,是冲击营业额的重要产品组合。同时也有低档杂牌的利润在 30% 以上。项目组经过对比分析之后,建议该店放弃部分利润率较低的产品的销售,并在该店选出两款鳄鱼漆的产品作为该店的主推产品,而其他保留下来的利润高的辅料、五金和化工作为辅助产品,并且不能与鳄鱼漆的主推产品相冲突。

但是该店不仅对销售产品的类别不清晰,而且所销售的鳄鱼漆品牌的产品也不一致,分不清鳄鱼漆在当地的合适款型,也搞不清楚鳄鱼漆的哪款产品适合当地。项目组经过驻点的调查分析之后,最终确定了将鳄鱼漆的 25 kg 铁桶装鳄鱼负离子"超易洗"墙面漆和 5L4 听装的 10 合 1 鳄鱼漆作为该店主推的两款产品。

经过重整之后的产品组合,充分发挥了鳄鱼漆在该店的优势,同时也不影响到其他高利润辅料的销售。该店当时虽然终止了不少辅料产品的销售,但是营业额不降反升。

2. 油漆工助推销

门店在具有了有冲击性的产品优势之后,使得门店的内功得到提升。接下来,项目组把重点放在了吸引客源上。项目组在走访市场时,便把目光锁定在经常与油漆打交道的油漆工身上,如果把鳄鱼漆卖给油漆工或者让油漆工帮忙推销,无疑是良策之举。

经过与当地部分油漆工的沟通和了解,项目组联合当地的劳动局在当地开展油漆工的培训,并根据油漆工的学习情况由劳动局颁发毕业证书。在培训期间,由鳄鱼漆提供所用油漆,给接受培训的油漆工发放鳄鱼漆的宣传册,并邀请公司油漆师傅前来讲课。在油漆工对鳄鱼漆有了深刻认识之后,他们在以后的工作中自然会把鳄鱼漆作为首选。

在当时,高淳经销商在册登记的油工不下百人,一个好点儿的油漆工在旺季油漆涂料的施工量在 2 万/月左右,一个中等偏上的油漆工的销量在 5 000~10 000 元/月,一个普通的油漆工也有几千的销量。如果一个油漆工平均每月用鳄鱼漆达到 250 元,则年使用将达到 3 000 元,30 万元的年营业额靠油漆工是完全可以达到的。

3. 家装公司深合作

通过与油漆工建立助销计划,保证了鳄鱼漆门店的散客的消费需求。但是对于部分来店采购的家装公司,门店也仅仅只是当做一般的客户对待,没有给予特殊关照。经过项目组的调查,发现了门店的潜藏商机,于是再次把目标客户锁定为家装公司。

经过测算,如若与家装公司合作,则只要确保与 5 家以上的家装公司有稳定合作关系,每一家家装公司只需要达到 6 万元/年的销量,也就是 5 000 元/月的销量,即可达成目标。5 000 元/月,对于一家成熟的家装公司而言是不存在难度的。一个家庭的普通装修,涂料用量为 3 000 元(保守估算),则需要每年有100 个这样的消费者就可以达成 30 万元的销售额,即仅仅需要每 4 天找一个消费者,就能轻松完成任务。

接下来,便是对上述计划的落实。该店通过店内人员的直销模式逐渐与家装公司达成合作,按照彼此事先的计划安排,通过店内员工与当地劳动部门的公关,双方共同组织开展了油漆培训计划。

经过鳄鱼漆门店的产品结构整合,该店既有了优势且赚钱的产品,又通过油漆工和家装公司的合作共赢,为该门店提供了分散和团购的顾客群。该门店经过不到一年的运营便顺利实现了 30 万元的销售任务,也创造了当时完成任务用时最短的纪录。

　　由此看来,不论终端的门槛有多高,都不重要,重要的是如何才能实现盈利。经销商通常的误区是研究、关注卖的人多,研究如何把产品卖好的人少。让经销商赚钱——自利和需求是市场营销的永恒、至高和唯一原则。

后记：

新坐商的十六句话

(1)新坐商势在必行，传统的老坐商只有坐以待毙。

(2)新坐商的核心就是新守株待兔，关键是株。株在哪里？有多粗？有多少？有多密？而你又该如何去抓？新守株待兔，才是当下的终端和门店的生存之道。

(3)新坐商的本质要义在于守株抓兔，即如何在兔子经常出没的地方建立起属于你的最容易吸引兔子跑过来的又粗、又大、又硬、又密的株，让那些又肥又大的兔子有来无回，一撞就死，一抓就着。这就是新形势下的新坐商之道。

(4)新坐商如何坐怀不乱？坐的关键在于株和抓，株是大店，抓则是好店。

(5)新坐商的核心就是打造你的高形象力、高议价力、高谈判力，让消费者觉得自己渺小、让消费者把你当成品牌。

(6)新坐商的目标是要做一个高附加值的品牌营销商，而不是一个简单的贸易商或物流商。

(7)新坐商的四个环节：进店数、成交率、客单额、满意度。

(8)新坐商的五大标准：卖得多、卖得好、卖得长、卖得高、卖得值。

(9)新坐商坐怀不乱的四条路径是：首店开大店、二店开好店；大城市开多店、小城市开大店；商超快开店、专卖多开店；直营开大店开好店、加盟快

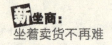

开店多开店。

(10)新坐商实际上是行商和营商的结合体。

(11)对于新坐商来说,核心在于迅速提高销售量。提升终端销量就是两件事,一个就是增加客流量,一个是提高成交量。通俗地讲,一个是"拉",一个是"杀"。增加客流量就是"拉",提高成交量就是"杀"。换句话说,要提高销售量就是要多"拉"多"杀"。

(12)"拉":把消费者拉到你的终端。"拉"的问题就是解决客流量的问题。

(13)"杀":把你的产品卖给消费者。"杀"的问题就是解决成交量的问题。销售的过程如果分开来讲,就是先把消费者拉到自己的柜台前,然后通过销售技巧把产品卖掉。就是先有"拉"再有"杀"。二者配合好才能快速提高销量。

(14)一个优秀的新坐商 = 客流量 + 进店数 + 成交率 + 客单额 + 客毛率 + 满意度,而客单额 = 客单产 + 客单价 + 客单效,满意度 = 客户回头率 + 客户推荐率 + 客户重复购买率。

(15)在新的商业竞争形势下,只有新坐商才有未来,而如何做一个坐着卖货不再难的新坐商,则是每一个守着一亩三分地的店老板、店员、店小二日思夜想的事情。

(16)做新坐商,从现在开始就行动!